楽問・経営学シリーズ 1

齊藤毅憲責任監修

キャリア開発論

菊地達昭・宇田美江［編著］

文眞堂

楽しい学びをしよう！

齊藤　毅憲

　むずかしい「古典」といわれる本を読み、先人の主張や学説を学ぶことが学問であり、この学問の道は古来よりきびしいとか、苦しいものと考えられてきました。それは確かにそのとおりかもしれません。しかし、学生諸君にはぜひとも楽しい学びをしてほしいと考えています。

　楽しく学んで、人間として頭と心が豊かになり、確実に成長しているとみずから思えることが大切です。スポーツには苦しいときもありますが、楽しいものです。学びもこれと同じものにしてほしいと思います。

　「楽問元気」という言葉をつくってみました。楽しく学んで頭と心が豊かになり、身心ともに元気になりたいという意味です。

　ところで、経営学は企業などの組織体がうまく経営できることを研究するものです。しかし、そのような組織体にかかわっているわれわれ現代人自身も、そのライフ（生活や人生）をみずから経営することが求められています。その意味では、経営学は現代を生きる人間のためのものです。したがって、経営学は現代人の一般教養でもあり、多くの人々に経営学を学んでほしいと私は思っています。

　この「楽問としての経営学」は、単に調べたり、解釈したりするだけのものではなく、実際に使うとか、使えるものです。スポーツも練習だけでは楽しくなく、競技会や試合に参加し、勝ったり、負けたりして、本当の楽しさを実感することができるのです。

　経営学も、これと同じであり、学習したものを使ってみると、必ずや楽しくなると考えます。組織体の分析のために、習得した知識（理論やモデルなど）を適用して説明してみるとか、クラブやサークルあるいはイベントなどの企画・運営に使ってみようと考えると、心がワクワクしてうれしくなります。そして、きっと元気になれることでしょう！

読者へのメッセージ

　今までに、いくつかの仕事を経験してみて感じていることは、どんな仕事でも面白く楽しいのではないかということである。工場の製造ラインで、みかけは単純作業に見える現場でも決して疎外されているわけではない。仕事をするプロセスには、つねに工夫の余地があり、なんらかの改善に結びつく種が潜んでいる。

　そこには製造ラインでモノ造りに携わっている作業員でしか気がつかない改善すべき点が必ずあり、それを考え改善へとつなげることは、ホワイトカラーが戦略を策定し、実行に移していくのと変わらない喜びがある。もしかすると、作業員の考えた小さな改善が、億単位の原価低減に結びつくかもしれない。事実、こういった小さな改善を積み上げることで、日本のモノ造りは発展してきた。

　このように考えていくと、仕事にどう向き合うのかという仕事に対しての姿勢が大変重要だということがわかる。現場での単純作業をいやいやながらやるのか、どうしたらもっと早く、ミスが少なくできるのかと考えてやるのかで大きく違ってくる。目標を持って仕事に取り組んでいくと、成果に結びつくばかりではなく、自己の能力のアップにもつながっていくことになる。能力がアップするとさらに高い目標設定が可能となり、より高い成果へといったように正の回転がはじまる。自己実現とは、このようなプロセスのなかで実現していくものなのではないだろうか。

　自分はなにに向いているのかわからないという学生に良く出会う。そして一歩も踏み出すことができずに、立ち止まって考え込んでいる。しかし、人間は実際に経験をしてみる以外には本当のことはわからない。畳の上で水練をいくらやってみても泳げるようにはならない。そうであるなら、仕事をした経験のない学生に何が向いているのかがわからないのは当然なはずである。世界最高峰のエベレストに世界最高齢の70歳7ヵ月で登頂を果たした三浦雄一郎氏は「人間はじめに夢ありきだ。強く一歩を踏み出せば、夢は限りなく現実に近づくのだと教えられた」と語っているが、ともかく一歩を踏み出すことが重要であり、なにに向いているのかと思い悩むことはない。

　ここまで考えてきておわかりいただけたのではないかと思うが、向いている仕事をいくら捜し続けてもいつまでも見つからないのではないかということである。「隣の芝は青い」という諺がある。なにごとでもあるレベルにまでスキル・能力を高めるためには忍耐を伴う訓練を必要とし、そのための訓練は決して楽なことではない。この

訓練に耐えられずもっと自分に向いている仕事があるはずだといって転職をする。転職先でも同様の結果となり、さらに転職を繰り返していくことになる。そしてあるところでフリーターとなり、スキル・能力の低いままでフリーターから脱却できずに歳をとっていく。400万人ともいわれるフリーターのなかには、このような人が数多くいるのではないだろうか。

　逆転の発想ではないが、選んだ仕事、与えられた仕事に必要とされるスキル・能力をとことん高める努力をしてみることである。環境は変化し、仕事ではつねに新しいことへのチャレンジを要求される。そしてチャレンジを繰り返すことによってスキル・能力が高まっていく。スキル・能力が高まることによってより大きなチャレンジが可能となり、仕事が好きになる。ここに適性というものが生まれてくるのではないだろうか。決してはじめに自分に向いている仕事があるのではないように思う。

　今回、齊藤毅憲先生の責任監修で《楽問・経営学シリーズ》の『キャリア開発論』を上梓することになった。キャリアについて深く考えてみたいという学生にぜひ楽しみながら学習いただければ編者としてこの上ない喜びである。

2007（平成19）年3月

菊地　達昭

宇田　美江

《楽問・経営学シリーズ 1》——キャリア開発論　目次

読者へのメッセージ

第1章　仕事とキャリアを生きる　……………………………菊地達昭　1

本章のねらい　1
1. 労働と仕事と職業　1
2. キャリアと仕事　4
3. キャリアが求められる理由　9
4. 「フリーター」とキャリア形成　12

第2章　キャリア開発の考え方　………………………………小林　勝　17

本章のねらい　17
1. 競争優位戦略とエンプロイヤビリティ、エンプロイメンタビリティ　17
2. キャリア開発の支援と人材育成戦略　19
3. 共生的キャリア開発戦略の具体化　21
4. 共生的キャリア開発の具体策　23
5. キャリア開発に関する理論的研究　25

第3章　人材開発とキャリア開発　……………………………菊地達昭　30

本章のねらい　30
1. 人材開発の重要性　30
2. キャリア開発の意味　35
3. 企業における人材開発とキャリア開発　40

第4章　企業におけるキャリア形成　…………………………石毛昭範　45

本章のねらい　45
1. はじめに　45

2. 企業におけるキャリア形成の目的　46
  3. キャリア形成の過程　49
  4. キャリア形成と仕事間移動　50
  5. キャリア形成におけるコンセプトの変化　52
  6. おわりに　55

第5章　女性のキャリア開発　　　　　　　　　　　宇田美江　58

  本章のねらい　58
  1. 女性のキャリアをとりまく環境の変化　58
  2. 女性のライフスタイルと働き方　60
  3. 企業における女性の活用　67
  4. 女性のキャリア開発に関する課題　68

第6章　キャリア開発と倫理　　　　　　　　　　　丹羽浩正　71

  本章のねらい　71
  1. キャリア開発における倫理の重要性　71
  2. キャリアの意味　72
  3. 「働く」ことと職業倫理　73
  4. キャリア開発と倫理　76
  5. これからのキャリア教育と倫理　77

第7章　適職さがし　　　　　　　　　　　　　　　宇田美江　80

  本章のねらい　80
  1. 職業観の変化　80
  2. 適職さがしの意味　81
  3. 若年層の適職さがし　87
  4. 適職さがしとキャリア　91

キャリア開発 ＆ デザイン・シート

第1章
仕事とキャリアを生きる

> **本章のねらい**
>
> 学生から社会人になると、立場が大きく変わる。学生時代は、社会に出る準備と社会で必要とされる知識の習得が大きな目的であった。これからは社会人としての能力、スキルを研き、それらを通して社会に貢献していくことになる。仕事を抜きにして社会で生きていくことを考えることはできない。このように仕事と生きることとは絶対に切り離すことができないものなのである。仕事と生きることが不可分であるならば、仕事をどのようにとらえて生きていけばよいのか。この章では、仕事とキャリアについて考えてみることにしよう。

1. 労働と仕事と職業

労働と仕事

　仕事に近いことばに**労働**と**職業**がある。まずは、これらの意味の違いについて考えてみたい。**梅澤正**の定義から、これら3つのことばの意味と違いについて考えてみよう。梅澤によれば、労働とは人間の行動の全般をさし、「心身のエネルギーを消費する」ことだと言う。したがって、働くことと労働とはほぼ同じ意味であり、動作の大小、社会活動や生活行為の違いを問わず、人が動くことは労働だと言う。労働とはそれを行うことがどのような意味をもつかという、意味づけを行うことは不要であり、エネルギーを使って単に動くことを意味している。

　つぎに、仕事とはどのようなものであろうか。**仕事**とは、労働のうち「なんらかの目的を持ってなされ、その達成をめざす意図的、意識的な人間的行為」である。つまり、社会のなかで一定の役割を担うという「**意味ある労働**」が仕事である。ここで、「意味ある」とは、人間の生活、自分と他人に役立つことである。

ここからわかることは、労働は単にエネルギー発散のために動くことであるのに対して、仕事はそれがなんらかの意味と目的を持ってなされるのである。社会のなかで役割を担い、自分も含め周囲にとって有益な労働が仕事ということになる。
　この意味からすると、学生が勉強をすることも仕事であり、アルバイト、ボランティア活動、クラブ活動をすることももちろん仕事である。お父さんが休日に近所の子供たちに野球あるいはサッカーの指導をする、おじいさんやおばあさんが老人会の役員として活動するのも当然、仕事ということになる。これらの例から、生きることと仕事とがいかに切り離すことができないかがわかる。

仕事と職業
　それでは仕事と職業とはどこがどう違うのかを考えてみよう。**職業**とは、仕事のうち「**一定の固有の意味と目的**」を持ったもののことである。それは「経済的報酬を獲得しつつ、自分を発展させ、社会の期待に応えつつ、社会とのつながりをつけ、社会における自分の居場所を確保させてくれる」という意味と目的を持っている。要するに、職業とは、仕事のなかでもⓐ**経済的報酬**を得るとともに、ⓑ**自己の成長**ができ、そして社会の期待に応えることができる仕事を指している。
　大学を卒業すると、仕事をするようになる。企業も含め、どこかの組織に就職する、あるいは医師、弁護士、公認会計士のような**資格**を取得して開業する、自分で事業を立ち上げる、といったようにいくつかの選択肢から仕事を選ぶことになる。ここでは当然報酬が伴ってくる。社会的に意味があり、仕事に価値があるから、報酬が支払われる。すなわち、職業につくということになる。さらに、職業を通して自己を成長させることができ、その成長によってさらに社会的な価値が高まり、経済的報酬が増していく。
　経営資源であるヒト、モノ、金、情報のうち、**ヒト**が最大の経営資源であるという。企業がヒトを育てることに力を注ぐのは、ヒトは職業、仕事を通して成長し、その価値を高め、結果として成果を出し、企業業績を向上させるからである。
　これからの社会では、他社より知的な面ですぐれているという差別化が企業競争力を決定する。したがって、この「**知**」を生み出せるヒトの重要性は、より高まっていく。自己の強みはどこにあるのか。自己の強みを充実し、社会でどのような「知」を生み出していけるのか。職業の選択に際しては、自己をよく見つめる必要がある。
　職業とは、自己を成長させるための手段である。また、その成長を通じて社会に貢献することができる。そこで、職業を通じて自己を最大限に成長させ、社会に貢献す

ることを考えていくべきである。そして、職業を通じて**自己実現**を図ることができることになる。

したがって、自己の適性を見きわめ、いかにまちがいのない職業を選択するかを考えていかなければならない。若い時代には職業選択においてまちがいがあったとしても、いくらでも修正は可能である。しかし、できる限り大きなまちがいのない選択をする必要がある。

組織との関係

労働と仕事および職業の違いについては理解できたと思う。それでは、つぎに**組織**について少し考えてみることにしよう。組織を抜きにして仕事や職業を考えることができるだろうか。組織にも広い意味がある。たとえば、植物の組織とか、動物の体の組織といった言葉もある。ここでは、人間社会の組織について考えてみたい。

『広辞苑』で、**人間社会の組織**について説明を見ると、「社会を構成する各要素が結合した、有機的な働きをする統一体」と定義づけている。ここからもわかるように、なんらかの目的を持った人間や人たちが、要素となり、これらの要素が有機的に結合して大きな組織になるというわけである。組織とは、働きをもった人間の**有機的結合体**と考えることができる。

ここからわかるかと思うが、社会に出て、仕事や職業に従事する際に、組織を抜きにしては考えることはできないということである。**ロビンソン・クルーソー**のように、自分以外の他者とはまったく接触を持たず、ただ一人で生きている場合を除き、組織に属さず、仕事、職業につくことはありえない。

学生も学校という組織、クラブ活動をしていればクラブという組織、に属している。野球やサッカーの指導をしているお父さんは、会社組織以外に少年野球、少年サッカーチーム、おじさんやおばあさんは町内会や老人会という組織に属している。そして、**医師、弁護士、公認会計士**も医師会、弁護士会、公認会計士協会に所属している。

皆さんは、社会に出て職業につき、その職業を通じて自己を成長させていく。ここで重要なことは、選択した職業のなかで、どうすればよりよく生きていくことができるのかを考えてほしいということである。しかも職業生活のなかで、ポジティブ（積極的）かつプロアクティブ（前向き）に生きることを考えることが必要となってくる。

さらに、職業とともに切り離すことができない組織にどのようにかかわっていったらよいのだろうか。ぜひ、考えてほしいのは、**組織のメンバー**（一員）として、属している組織をどうしたらよくしていけるのかということである。クラブにしてもサー

クルにしても、メンバーとして加わってこそ意味があり、楽しくなければ辞めたくなるはずである。組織を構成するメンバーとして、メンバーにとって意味があり、属していて楽しい組織にしていくことにも力を割くべきである。職業を選択し、所属する組織であっても、同じように考えてほしい。

コラム

―仕事、死事、志事―

　仕事の「仕」は、つかえることであり、辞書をみると、目上の人にしたがって、その用を足すなどの意味があるという。
　仕事をしすぎて、病気になったり、過労死したりする人びとも多い。また仕事のミスなどで責任を感じて自殺したりする人もいます。そこで、仕事を「死事」にしてはいけません。
　仕事はできれば「志事」にしたいものです。それは、自分のビジョンや夢を達成しようとするものです。
（齊藤毅憲）

2．キャリアと仕事

キャリアとはなにか

　金井壽宏は、「キャリアとは、簡単に言うと長期的な仕事生活のあり方に対して見いだす意味づけやパターンのことを言います」と定義している。人がこの世に生を受け、親の保護から少しずつ離れていき、社会にでて職業につき、職業以外にもいろいろな社会的な役割とか、仕事を担っていく。このような一連の仕事を通した生活を長期的に見ると、そこには、その人独自の意味やパターンが存在する。これを**キャリア**と呼ぶ。

　なぜ、長期的に仕事生活を振り返ると、独自の意味やパターンがでてくるのだろうか。それは、人にはその人が持つ**価値観**があり、長期的に見るとその価値観に従って、選択や行動が行われるからである。生を受け、はじめて接するのは両親や家族である。両親、家族であっても、人はそれぞれ違う価値観を持って生きている。肉親であれば価値観が近いことは多いが、まったく同一であることはありえない。子供時代

は、この人たちの影響を受けながら育つ。したがって、両親、家族と近い価値観がつくられる。

育った生活環境、学校生活、先生、友人、さらに読んだ本からも影響を受け、その人独自の価値観がつくられていく。そして、生きていくなかで、人はなんらかの目標を持つ。この目標も価値観から無関係ではありえない。人が目標に向かって生きるときに、いくつかの選択肢のなかから、ひとつの方向を決めなければならないことが必ず出てくる。いわゆる**節目**と呼ばれる人生の岐路（きろ）が、これにあたる。

この節目の選択では、それまで形成されてきた価値観が色濃く反映することになる。当然、選択したことがうまくいくことは少ない。失敗したり、思うように行かないことのほうが人生では多い。失敗や不本意を経験することで、若い時代には価値観も修正される。そして、このように目標に向かって自己の生き方を追求していくプロセスに注目すると、その人独自の意味づけやパターンが見えてくる。しかも、仕事を通して経験を深めていくと、この経験とのつながりのなかで個人の**職業能力**が形成される。それはまさに**キャリア**が形成されることである。

仕事の選択と目標

仕事は、なんのためにするのだろうか。仕事をする理由には、いろいろなことが考えられる。生活のため、家族のため、お金のため、安定したい、認められたい、社会に貢献したい、可能性を試したい、自己実現を図りたい、その他にも、いろいろな理由がある。理由は、ひとつだけではなく、人によって異なった理由が複数からみあっている。また、複数ある理由のひとつひとつの重みづけも、人によって大きく違っている。ここにも前に述べた**価値観**が強く影響している。

仕事を選択する際には、自分が仕事になにを求めているのか、仕事を通じてなにをしたいのか、をよく考えてみる必要がある。この場合、人生を通じてなし遂げたい**目標**を考えておくことが重要となる。その目標が仕事を通じて実現できれば、充実した仕事生活が送れるはずである。ここでいう目標とは、必ずしもはっきりしたものである必要はなく、夢のようなものでもかまわない。

また、仕事を選択する際には、目標はあいまいであったが、仕事を続けるなかで目標が明確になっていくことも考えられる。現在、大きな成功をおさめている人たちであっても、学生時代から明確な目標を持ち、その目標が実現できている人は少ないのかもしれない。しかも、若い時代に持っていた目標が、その後の人生のなかで変わっていくことも多い。

人生をかけて達成したい目標があり、そして**現在の自分**がいる。この目標と現在の自分とのギャップをどう埋めていくのか。目標の達成のためには、なにをしていかなければならないのか。自分の強いところをさらに強め、弱いところを克服していくための方策を考えていかなければならない。このギャップを埋めるために、仕事を通して日々の努力を継続することが、キャリアの実現へとつながっていく。

　生きていくなかで、目標を持つことは重要である。学生時代に勉強しておくべきこと、履修する科目についても、将来達成したいと考えている目標と大きくかかわっている。学生から社会人になるというのは、人生の大きな節目である。これから40数年、**長い職業生活**の第一歩となる。その意味からも、はじめての職業選びは慎重に考えなければならない。安易な選択をしてはいけない。

　ここでひとつ言えることは、若い時代における大きな目標の変更は、それほど困難なことではない。目標と現在の自分とのギャップは大きく、目標の到達には、これからの長い時間と努力を必要とする。まだ目標の入口に立った段階であり、他の目標の入口に入りなおしても**目標到達までの時間**は十分にある。

　しかし、時間がたつとともに、大きな目標の変更はむずかしくなる。とくにこれまでの努力と経験が生きない分野への転向は、時間が限られているだけに目標の到達がむずかしくなる。目標は早めに決め、その目標に向かって早い段階から努力することが大きな目標達成の条件となる。

イチローに見る目標とキャリア

　野球界のスーパースターである**イチロー**は、小学校6年生の卒業文集のなかで、「ボクの夢は、一流のプロ野球選手になることです。そのためには、中学、高校で全国大会へ出て、活躍をしなければなりません。活躍するためには練習が必要です。ボクは3歳の時から練習をはじめています。3歳から7歳までは、半年位やっていましたが、3年生の時からいままでは、365日中、360日は激しい練習をやっています。だから、1週間中、友だちと遊べる時間は、5～6時間です。そんなに練習しているのだから、必ずプロ野球選手になれると思います」と書いている。

　イチローは、小学校6年生の時に、目標を一流のプロ選手になると決め、**目標と現在の自分とのギャップ**をどう埋めていくのか、その目標達成のための具体的な方策を立て、それを実践してきている。さらに後年、日本の野球少年に向かって「夢をつかむというのは、一気にはできません。小さいことを積み重ねることで、いつの日か、信じられない力が出せるようになっていきます」と目標達成のためには、努力を継続

していくことが重要であると述べている。

そして、「自分の思ったことをやり続けることには後悔はありません」、「みんなもぜひ、重要なポイントに来たときに、自分の意思でなにかを決められるおとなになってほしいと思います」とも述べている。節目、岐路に立ったとき、いくつかの**選択肢**のなかから、ひとつ道を選ばなければならないことが必ず起きる。目標を持ち、たとえ厳しくつらい選択であっても、ぜひ目標に向かって努力を続けていってほしい。「そりゃ、僕だって、野球の練習は嫌いですよ。大抵はつまらないことの繰り返し」とも言っている。イチローといえども、決して楽しんで練習をやっているわけではない。目標に向かって努力を続けてきた結果がスーパースターのイチローをつくりあげている。

仕事の選択とキャリア・アンカー

それでは、仕事を選択する際には、どのようなことを判断基準として考えていけばよいのだろうか。ひとつ参考になる考え方がある。**シャイン**（E. Schein）というアメリカの学者が、大学院の学生を対象に調査し、人間がある選択を迫られたときにもっとも放棄したがらない欲求、価値観、能力を主に以下の5つに分類している。

これらを「**キャリア・アンカー**」と呼ぶ。アンカーとは船をつなぎとめる錨（いかり）のことである。船は、錨を下ろしていても波を受けて動く。しかし、錨を中心にしてしか動けない。人が人生のなかで、いくつかの選択肢のなかから、どれかひとつを選択しなければならないという状況に遭遇したとき、絶対に譲れないものをキャリア・アンカーと表現している。

① **経営能力**（Managerial Competence）
    経営的な面に価値を置き、ライン管理者として、責任が大きくなることを望む。
② **技術的・職能的能力**（Technical/Functional Competence）
    技術的、専門的な面で自己を高めることに価値を置く。
③ **安全性**（Security）
    安全であることを最優先とする。
④ **創造性**（Creativity）
    新しい価値の創造を大切にする。
⑤ **自律と独立**（Autonomy & Independence）
    自己の独立に価値を求める。

さて、読者はこのなかでどれをもっとも大切に考えますか。①の**経営能力**を最優先にという人は、大きな組織の経営者として成功することに価値を置いている。②の**技術的・職能的能力**と応えた人は、人を使って仕事をするというよりはむしろある分野の専門家として成功することを最優先の価値と考えている。③の**安全性**は、なるべくリスクの少ない安定した職業を考えており、これまでは公務員を選択した人に多かったのかもしれません。④の**創造性**は、新しいことをすることに高い価値を見いだすと考えている人である。⑤の**自律と独立**を重視する人は、組織に縛られるというよりは独立してなにかをはじめるということに価値をおいている。

　先ほど述べた大きな節目、岐路に際しては個人としてどうしても譲れないものはなになのか、自己のキャリア・アンカーをしっかりと自覚しておく必要がある。最初の職業を選択する就職に際しては、将来の目標とともに、ぜひ、これらのなかでどこに自分が一番価値を置いているのか、をよく考えることが重要となる。

仕事の選択とあきらめること

　もうひとつ違った側面から仕事を選択する際の判断基準を考えてみたい。仕事を選択する際に、自分にとって大変意味があると思える仕事があるとしよう。**意味がある**というのは、当然のことながら人によって違ってくる。その仕事に興味があり、社会的にも価値が高く、自己の成長にも大きなプラスになるといった仕事であったら、ほとんどの人が意味があると考えてくれるのではないだろうか。

　つぎの選択肢は、自由な時間がいっぱいとれる仕事です。拘束を受けることがなく、自由な時間が多く、仕事以外の趣味や**余暇**を楽しめる仕事のことです。3つ目は**報酬**が多い仕事、4つ目は**安定した仕事**です。

　さて、これら4つをすべて満たす仕事が世のなかに存在しているでしょうか。社会にとっても自分にとっても意味があり、余暇が多くて、報酬がよく、かつ安定している仕事である。しかし、このような仕事は、まず世のなかには存在していないといってよい。

　ⓐ 社会にとっても自分にとっても意味がある仕事であるが、余暇がない、ⓑ 余暇は十分にあるが、報酬は高くない、ⓒ 報酬は高いが、余暇がほとんどとれない、ⓓ 安定しているが、報酬が少ない、といったことが、仕事を選択する際には出てくる。そこで、仕事を選択する際には、自己のキャリア・アンカーはなにかということと、なにかを捨てなければならないときになにを捨てることができるのか、という2つの側面から考えてみる必要がある。

> ### コラム
>
> ### キャリア開発には4事（しごと）が大切！
>
> 　キャリア開発を考えるときに、4事が重要になります。ひとつは、"can"であり、自分のできる仕事（能力、スキル）をしっかり考えることです。ふたつめは、"did"であり、自分がそれまでに行ってきた仕事（実績、経歴）が大切です。3つめは、"want"で、自分がやりたい仕事です。最後は、"should"であり、周囲（職場や上司とか、家族など）から期待されている仕事をさしています。これらの4つを考えながら、キャリア開発を考え、実践していく必要があります。
>
> 　　　　　　　　　　　　　　　　　　　　　　　　　　　　　　（齊藤毅憲）

3. キャリアが求められる理由

時代の大きな変化

　第2次世界大戦後、日本経済はアメリカの庇護（ひご）の下で、成長し発展を続けてきた。1980年代には「もはや欧米に学ぶものなし」と言われるほどまでに世界の頂点に立ち、1989年からは国際競争力ランキングでも5年連続第1位に輝くほどの繁栄を極めることになった。しかし、バブル経済の崩壊以後、アジア諸国の追い上げ、中国の台頭のなかで、日本の相対的な**国際競争力**は低下し、グローバルな競争にさらされることになった。

　グローバルな競争の激化により、規制と保護によって守られてきた閉鎖的な産業も、**規制緩和**と**開放**が求められている。これまで保護で守られてきた弱さゆえに、より厳しい競争に立ち向かわなくてはならない時代になっている。金利の自由化からはじまった金融ビックバンのなかで、「**護送船団方式**」と呼ばれ、政府によって堅固に守られてきた銀行あるいは証券会社からも倒産する企業が出た。大企業といえども、安泰ではいられない時代に突入している。繁栄を誇る**優良企業**も、安住は許されず、つねに**自己革新**を続けていかなければならず、戦略上での失敗、これまでにない新しい技術の登場により、いとも簡単に市場から退陣を迫られる時代になっている。

　働く人たちすべてが、勤めている企業が倒産し、失業するというおそれがいつでも

想定されることになった。そして、働く人たちには、突然の失業への対応が必要とされている。そこで、キャリアの自己形成が求められることになった。自己の市場価値を高め、**エンプロイアビリティ**（employability，高度な専門的な職業能力）をつねに向上させていく努力が働く人たちに要求されている。

必要とされる人材の質の変化

いつでも起こりうる失業に備えるという自己防衛のためにキャリアを自己形成するだけではなく、企業にとっても**大量生産型製造業モデル**から**知的生産型モデル**への大きな転換期のなかで、従業員の専門能力向上の必要性に迫られている。「追いつけ、追い越せ」の掛け声の下、欧米という明確な目標が存在した大量生産型製造業モデルの時代には、平均的な能力をもつ従業員を数多く必要とした。

ここでは、従業員の平均値の向上が最優先とされ、企業内では従業員の平均値をあげるレベルアップ競争が行われていた。目標が明確で、同じものを大量に作るプロセスにおいては、異質で飛びぬけた個の存在は調和を乱し、プラスと評価されることはなかった。「出る杭は打たれ」、異質で飛びぬけた個は評価されなかった。

また、第2次世界大戦後の日本の教育制度は、**平均的な人材**を数多く作りだすことに成功した。飛び級を認めず、優秀な学生を犠牲にしても、平均点以下の学生を平均点に引き上げることのほうが優先されてきた。この日本の教育で育った人材が、大量生産型製造業モデルにおける優秀な現場労働者として**モノづくり日本**を支えることになった。平均的な人材を数多く育成し、その平均値を高めるという日本における人材育成システムは、大量生産型製造業モデルの下では、大成功をおさめている。

しかし、時代は大きく変わった。日本のお家芸であった大量生産型製造業モデルは、中国を中心としたアジア諸国に移っていった。日本には、「知」での卓越性が求められることになった。要するに、時代は大量生産型製造業モデルではなく、知的生産型モデルへと変化している。

「**知**」で差別化し、高い付加価値を生む人材とは、平均的な人材ではない。これまでならば異質と言われた人材の才能を伸ばし、同質ではなく、多様性（ダイバーシティ）のなかから新しい「知」を生み出していくことが必要となっている。求められる人材の質が大きく変わったのである。これからの時代には、これまでの**人材育成システム**が足かせとなってくる。企業ではすでに人材育成システムを大きく変化させている。したがって、学校教育においても当然のことながら変革が求められている。

大量生産型製造業モデルでは量が重要であった。アメリカ発モデルを改良、改善

し、組織間の利害をたくみに調整する人材が重用された。これに対して、知的生産型モデルでは、量より質が求められている。改良、改善より創造が、調整より戦略のほうが重要視されることになった。国境を越え、グローバルな環境でも活躍できる戦略型リーダー、専門的な能力に長けた人材の育成が企業の競争力を決定する。そして、「**出る杭を伸ばす**」仕組みと仕掛けが必要となったのである。

　高付加価値を生みだせる人材は、市場価値が高く、他の企業でもほしい人間である。当然のことであるが、「キャリア形成が望めない」「希望する仕事につけない」「待遇や処遇に不満がある」「評価が公平ではない」、といったことがあれば、転職する。ヘッドハンターもこのような人材には目をつけ、つねにコンタクトを怠らない。これからの企業では、市場価値が高く、「知」を生み出す人材を育成する必要に迫られている。

キャリアの自己形成と環境整備

　かつての企業は従業員の初任配属、異動、昇進・昇格などを企業側のニーズを最優先して実施してきた。**自己申告制度**により希望する部門への異動が認められることはあったが、従業員みずからが自己のキャリア形成を行える環境になっていたわけではなかった。さらに、勤続20年を越えると支給カーブが急激に増加する退職金制度、ポータビリティのない年金制度、ともすれば不利に扱われた中途採用での雇用条件など、**転職**にはつねにリスクがともなっていた。

　退職金の前払い制度、成果主義を取り入れたポイント制退職金制度、確定拠出型年金制度への移行、さらには専門能力を重視した中途採用の活発化などにより、転職の機会は拡大している。また、**成果主義、能力主義人事制度**への移行は、企業に社内人材公募制度（FA）導入を促している。優秀な人材ほど、希望しない部門への配置や成果・能力評価は望まない。自分が希望し、成果・能力を発揮できる部門での評価を求めている。成果主義、能力主義人事制度を導入し、**社内人材公募制度**を導入しなければ、優秀な人材ほど転職していく。

　ハードからソフトへ、アナログからデジタルへ、さらにオフィスでのIT化の進展は、大きな変化をもたらし、大量に変化に取り残された人たちを生むことになった。グローバルな企業間競争の激化は、技術革新とそのスピードの加速化をもたらしている。それにともなって、社会の変化の激しさも増している。

　このような状況のなかでは、個人の**知識・能力の陳腐化**も激しく、過去の経験が生きることは少なくなる。そこで、現在の知識・能力が、将来にわたって通用する保証はなくなってしまったのである。ここでは、一人ひとりが自己のキャリアに対する考

えを明確に持ち、職業生活のなかで、つねに知識・能力の向上と高度化を図っていかなければならない。転職に際してのリスクが低下し、社内人材公募制度導入によるキャリアの自己形成の環境が整備されることで、従業員個人が自己の責任においてキャリアを形成できるようになっている。そして、自己の能力陳腐化への対応も従業員個人に求められている。

　「高齢者雇用安定法」が改正され、平成18年4月1日から段階的に65歳まで定年を引き上げ、継続雇用制度の導入が義務づけられた。確かに、これまでの60歳定年以降、世界一でもある日本の平均寿命までは約20年間あり、元気なうちは働きたいと希望する退職者は多かった。

　また、財政の悪化により、国は社会保障制度の見直しを進めている。医療費の個人負担額の増額、厚生年金の段階的支給繰り延べにより、現実には60歳の定年以降も働き続けなければならないという実態もある。この実態のなかで、個人の職業生涯は必然的に長期化していかざるをえない。定年後、年金で**趣味三昧**に生きるという一昔前の年代の生活はむずかしくなっている。職業生涯の長期化にあわせてキャリアへの考え方、生き方を考えていかなければならなくなっている。

4．「フリーター」とキャリア形成

非正社員が増える理由

　総務省の労働力調査（平成13年までは労働力調査特別調査）によると、**正（規）社員**は平成10年には3,794万人であったが、平成17年には、3,370万人と7年間で424万人減っている。逆に**非正（規）社員**は、1,173万人であったが、1,608万人と435万人増えている。この7年間で毎年平均して正社員が約60万人減り、非正社員は約60万人増えていることになる。

　なぜ、このように企業では正社員を減らし、非正社員を増やしているのであろうか。この原因として、まず、第1には、前にも述べたようにグローバリゼーションの進展、とくに中国を中心としたアジア諸国の台頭により、競争が激化し、企業の収益力が下がっていることがあげられる。

　これに加え、少子高齢化による年齢構成の変化によって、これまでのような年功序列による人事・給与制度の維持が困難になってきている。年齢構成が**ピラミッド構造**であった時代には、給与の高い人ほど少ないという年功序列による人事・給与制度は

企業にとって**コストミニマム**な（コストが少なくてすむ）制度であった。

少子高齢化は、この年齢構成を**ビヤ樽型**に、さらに**逆ピラミッド型**へと変化させることになった。この状況では、年功序列による人事・給与制度を維持することは不可能となる。年功序列による人事・給与制度から成果主義、能力主義人事・給与制度への移行、能力に比して給与の高い中高年者の社外への排出をターゲットとして行われた雇用リストラは、企業の収益力の低下によるだけでなく、この年功序列による人事・給与制度の維持が困難になったことが原因であった。

さらに、日本では労働法制上、正社員の解雇が大変むずかしい。労働基準法18条の2は、「解雇は客観的に合理的な理由を欠き、社会通念上相当であると認められない場合は、その権利を濫用したものとして、無効とする」と規定している。これは判例による**解雇権濫用の法理**を条文化したもので、解雇に際しては解雇4条件が厳しく適用されると考えられている。正社員の解雇がむずかしいという法律上の規制は、企業に正社員の採用を躊躇（ちゅうちょ）させ、非正社員化を促す原因となっている。

また、アメリカ型企業経営の浸透によるキャッシュフロー重視の経営は、固定費化してきた人件費の削減、すなわち人件費の流動費化をもたらしている。それまでは人件費は、売上高や稼動率に関係なく正社員をかかえているために一定額が発生していたが、このような変化は、正社員の削減と非正社員の拡大をもたらしている。大量生産型製造業モデルから知的生産型モデルへの転換のなかで、「知」で優れた一握りの人材と、それを支える多数の人材とに分裂するという**2極分化**が進んでいる。

技術変化が加速度的に進展していることから、企業にとっても将来への不確実性が拡大している。このようななかで、企業は、正社員を極力削減し、人件費が安い非正社員へ転換しようとしている。

フリーターとそのタイプ

総務省によると全国の**フリーター**の数は平成16年時点で214万人を推定されている。しかし、ここでは平成12年度版『労働白書』での定義が使われており、年齢が15歳から34歳で、ⓐ現在就業している者については、勤め先における呼称が「アルバイト」または「パート」である雇用者である。そして、男性については継続就業年数が1～5年未満の者としており、1年未満、5年以上の者は含まれていない。

さらに、ⓑ現在、無業の者については、家事も通学もしておらず、「アルバイト・パート」の仕事を希望する者としており、正社員の夢を持っている無業者は含まれていない。この定義を変更すると、平成13年時点では409万人と推定される。

フリーターには、3つの類型があるといわれている。第1に職業を決定するまでの猶予期間としてフリーターを選択し、その間に自分のやりたいことを探そうとするとか、先の見通しがはっきりしないまま、学校や職場を離れた者や正社員としての責任を持ちたくない、自由でいたいという正社員を忌避（きひ）した結果、フリーターをしている「**モラトリアム型**」である。

　第2は、正社員を希望しながらそれが得られない者、あるいは家族の事情などでやむなく学費を稼ぐ必要が生じたためフリーターになった「**やむをえず型**」である。さらに、なにがしかの目標を持った上で、生活の糧を得るために、あるいは徒弟訓練的な手段としてフリーターを選んだ「**夢追求型**」である。

　フリーターのなかで「モラトリアム型」が50％、「やむをえず型」が40％、「夢追求型」が10％と推定されている。これによると、目標を持っているフリーターがいかに少ないかがわかる。

フリーターと働く意欲

　平成15年の厚生労働省雇用管理調査で、企業が採用する際にフリーター経験をどう評価しているかを見ることにしよう。マイナスに評価するが30.3％、プラスの評価が3.6％、ほとんど影響しないが61.9％、無回答が4.2％となっている。マイナスに評価する理由は、「根気がなく、いつ辞めるかわからない」が70.7％、「責任感がない」が51.1％、「職業に対する意識などの教育が必要である」が42.6％となっている。

　つぎに、フリーターを実際に「正社員として採用した」企業は11.8％、「採用していない」が83％である。65.5％の企業が、採用に際してフリーター経験をプラスあるいは影響しないとしながらも、実際に採用するとなると、採用している企業が大変少ないというのが実態である。

　なぜ、このようなことが起こるのであろうか。大学を卒業して正社員となった人とフリーターになった人がいると仮定しよう。企業は、利益をあげることができなければ倒産せざるをえない。企業が利益をあげるためには、従業員個人に**成果**をあげてもらわなければならない。企業では、従業員個人に目標を与え、従業員はそれにチャレンジし、達成することが求められる。成果とは、「**個人の意欲と能力の積**」で表される。そこで、意欲、能力の双方が高い人が高い成果を達成すると考えることができる。

　このことから、企業が人を採用する際には、意欲の高さが大きな要素になる。これは、意欲の高い人ほど高い成果を達成する確率が高く、能力の向上もこの意欲が大き

く影響するからである。企業が採用に際して学生に求める**自己PR**とは、学生時代に達成したことについて具体例をあげ、自己の意欲の高さを述べることにある。フリーターの約90％を占める「モラトリアム型」と「やむをえず型」のなかに意欲が高い人がいる確率は低い。企業がフリーター経験を評価しない理由は、ここにある。

フリーターと正社員

　企業は正社員を採用すると、計画的にその能力の向上を図っていく。具体的に、**OJT**（on the job training）、**OFF-JT**（off the job training）あるいは自主研修を通じて従業員の育成が行われる。企業には従業員の能力向上や育成のための仕組みが作られている。

　フリーターについては、どうであろうか。企業にはフリーターを育成するというインセンティブ（誘因）はない。フリーターは、単純で、あまりスキルを必要としない仕事をさせるのが目的であり、必要でなくなれば、ただちに雇用関係を解消できる調整弁になっている。その他の非正社員についても、高い**専門能力**を期待される**契約社員**を除けば、同様である。企業は、彼らを決して将来の幹部として考えることはない。

　平成16年度厚生労働省雇用動向調査によると、中途採用の実施比率は54％である。平成16年度に従業員を採用した企業の54％が、中途採用を行ったと回答していることになる。確かに少しずつではあるが、中途採用を実施する企業は増えてきている。

　企業が中途採用を行う目的はどこにあるのだろうか。新卒で即戦力があり、スキル、能力ともに高い人材は少ない。企業が新卒に求めるのは、**意欲**と**潜在能力**である。反対に、中途採用では**即戦力**であり、**専門能力**が求められる。

　卒業して正社員となった人と、正社員にならずフリーターとしてスタートした人とは、そもそも意欲面でも差があったことに加えて、時間が経つにつれてスキル、能力に差がでてくる。フリーターとして、だれにでもできる単純作業を続けていても即戦力、専門能力の向上はむずかしい。すなわち、フリーターを続ければ続けるほど、正社員にはなれないという結果になっていく。フリーターの高齢化が指摘されており、2021年には35歳以上の**中高年フリーター**が200万人を超えるとの試算もある。フリーターになってはいけない理由が、ここにある。

《ケース》

　きびしいといわれていた就職活動も順調に進み、いくつかの企業や団体から内内定を受けることができた。将来の目標、性格や適性を考えて業界、業種を決め受験してきたが、ここで就職活動を終了して、どこかひとつに絞らなければならない。あなたなら、どこに行くことに決めるのか。そして、なぜそこに決めるのかについて自己を分析し、将来の目標、キャリア・アンカー、なにかを捨てるとしたらなにを捨てるのかを考えて理由を述べて下さい。さらに、むずかしいかもしれませんが、30歳、40歳、50歳での自己のイメージについても簡単に述べて下さい。

① コンサルタントを目指す人ならだれでも入りたいと希望する証券会社系の大手コンサルタント会社でのコンサルタント
② ダウン症の人たちが中心となって働いているワイナリーの職員
③ 出身地の市役所で公務員の仕事
④ 大自然に囲まれたユースホステルでのボランティアスタッフ

＜参考文献＞

梅澤正（2004）『ナットクの働き方』TAC株式会社出版事業部

金井壽宏（2002）『働く人のためのキャリア・デザイン』PHP研究所

ジョアン・キウラー（2003）『仕事の裏切り』翔泳社

夢をつかむイチロー262のメッセージ製作委員会（2005）『夢をつかむイチロー262のメッセージ』ぴあ

永谷脩（2001）『イチロー「勝利の方程式」』三笠書房

菊地達昭（2003）「非正規雇用の拡大とその問題点」産業関係研究所年報

第2章
キャリア開発の考え方

> **本章のねらい**

　本章では、歴史的にみてキャリア開発が組織（企業や団体）主導から個人主導のものへと移行してきたこと、それから個人と組織の共生のものに発達してきた過程を明らかにする。あわせてキャリア開発のための具体的戦略、組織の支援策について学習する。個人のキャリア開発とキャリアの実現は、現在では組織の強みづくり、つまり競争優位戦略の中心的課題であり、これに関連する概念や考え方などについても学習する。

1. 競争優位戦略とエンプロイヤビリティ、エンプロイメンタビリティ

　伝統的な人事のモデルでは企業目標や経営戦略に基づき、企業主導のキャリア開発が行われてきた。キャリア開発の主な目的は組織内で求められる**スキル**、**コンピテンシー**（行動特性）であり、集合教育、OJT、ジョブ・ローテーション（人事移動）などの人材育成戦略の一環として行われてきた。
　一方、強みづくりの競争優位戦略の成長モデル型の経営では、個人の企業への**コミットメント**（関与）を引き出すことが、組織の競争優位（強み）の源泉になる。この個人のコミットメントは、個人のもっている**キャリアビジョン**（願望とか目標）に基づき、組織はこの個人のキャリア上のゴールを組織目標に組み入れ、支援していく。このように、成長モデル型は個人主導のキャリア開発である。

　個人主導のキャリア開発によると、個人の自立、自覚、自発性、自治に基づく「**自律性**」が個人と組織の価値創造の源泉であるという。組織は個人にこのようなキャリ

ア開発を実現させる場である。そのために、組織はキャリア開発の専門家であるキャリア・カウンセラー、キャリア・コンサルタント、キャリア・アドバイザー、キャリア・ファシリテーターを活用したり、外部専門機関と提携しながらサポートしていく。メンタリング、コーチングやカウンセリング制度も、これに関連している。

組織における個人の自律的キャリア開発マインドも不可欠である。大競争時代の組織は流動的であり、社内ポストの減少や移動がごく一般に行われており、個人の自律マインドがますます重要になっている。厚生労働省は高齢化の進展に伴い、「**65歳現役社会**」を目指して、65歳まで雇用を延長するように企業などに働きかけている。この面でも、中年以降も自律的なキャリア開発がますます重要になっている。

成長モデル型は、さまざまな人事制度や教育プログラムにより組織と従業員一人ひとりの強みを向上させてきた。そこではそれ以前の組織主導型の人材育成から一人ひとりの個性や能力をいかに組織の成長や業績の向上に活かすかが課題となる。組織は一人ひとりの個性の発揮や自律的キャリア形成へのモチベーションを高め、それは結果的に社外でも評価される高度な専門的な職業能力、つまり**エンプロイヤビリティ**の高い人材を育成していく必要がある。

エンプロイヤビリティの高い人材を豊富に有している組織は、さらにすぐれた人材を採用できる**エンプロイメンタビリティ**（employmentability）つまり雇用能力も高い。このように成長モデル型とは、組織と個人の共生により、個人のエンプロイヤビリティと組織のエンプロイメンタビリティの双方の相乗効果を高めていくことができる（図表1参照）。

図表1　エンプロイヤビリティとエンプロイメンタビリティの効果

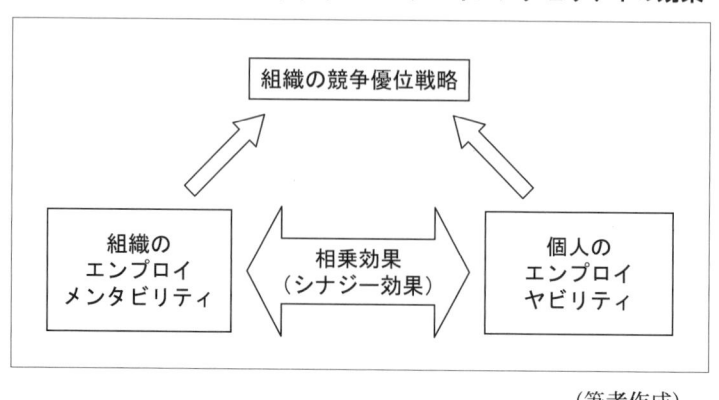

（筆者作成）

2．キャリア開発の支援と人材育成戦略

人材育成戦略の体系

　組織における人材育成戦略の体系は、教育をうける対象者をもとに階層別、職能別、課題別に分けられる。また、教育方法の観点から分類すると、OJT、Off-JT、**自己啓発**の3つがあり、学習者の教育効果は、これらの総和である**ブレンデット・ラーニング**（blended learning）になる（図表2参照）。

　OJTは、日常の仕事をとうして、上司や先輩が部下に対して仕事上必要となる知識、技能、態度を指導、育成する計画的な活動のことである。そして、**Off-JT**は、集合教育のことである。**集合教育**は、多くの場合職場を離れ、勤務時間内もしくは週末などにも行われている。さらに、自己啓発（セルフ・エディケーション）は、みずから自律的に向上しようとする意欲により、社内で必要な人材にするとともに、社外では自己の市場価値を高めるのに役立つ。

自己啓発と自律的キャリア開発

　競争の激化や激変する技術進歩のために知識、スキルが陳腐化するような環境のもとでは教育の重点は、従来の集合教育やOJTから自己啓発へとシフトする傾向が顕著に見られる。この動向は、教育が「**組織中心**」から「**個人中心**」へ、「**教育（ト

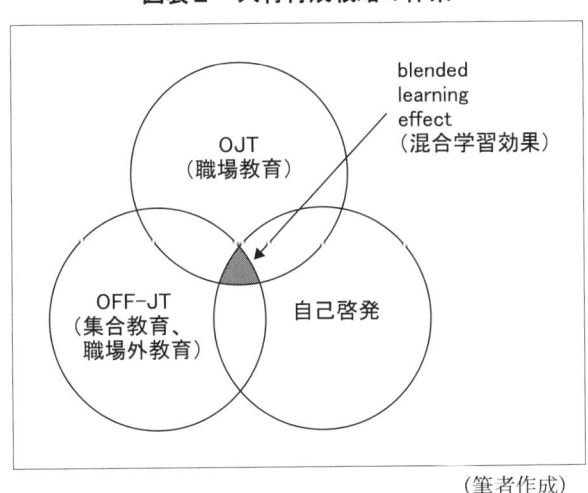

図表2　人材育成戦略の体系

（筆者作成）

レーニング）」から「**自己学習（セルフ・ラーニング）**」へとシフトしていることを物語っている。

　現代の自己啓発は、自己の有能感、効力感を高める学習方式であり、学習効果をみずから検証する究極の学習法といえる。自己啓発は読書、研究会への参加に加え、WBT（web-based-training）、CBT（computer-based-training）などの **e-learning プログラム**が企業、団体、大学などの高等教育機関で広く提供されるようになってきた。

　そして、このような**自律的キャリア開発**は、個人の自律的な自己啓発によって実現できるのである。個人はみずから**キャリアビジョン**を構築し、このビジョン達成のためのキャリアゴールやプログラム（スケジュールやコストの見積り）を計画する。これに対して、組織はプログラムを提供し、コストの一部もしくは全額を支援しつつ、自己啓発の成果を人事考課制度に組み入れることになる。

コラム

企業は、どのような「場」か

　日本の企業はかつては「終身雇用や年功序列の場」であるとか「賃金を得る以上の場」であるとされてきました。しかし、ずいぶん変わってきたかもしれません。そこで、いくつかの考え方をあげてみましょう。

① 生活共同体という場——企業は仕事以外の面でも、生活をともにする場と考える。家族と同じように生活を一緒に行い、苦楽をともにするという。

② 人材育成の場——企業は人間を育てる場であり、日本企業においては企業内教育を重視してきた。

③ 能力発揮の場——企業は個人のもっている能力を発揮したり、活用する場である。この背景には「個尊重」や「働きがい」とか、「能力主義」が重視されてきたことがあげられる。

④ 価値創造の場——企業は新しい製品やサービスを開発して消費者に提供している場である。したがって、研究開発や創造性の発揮が重視される。

⑤ 共生の場——企業は年齢、性別、国籍、文化などのちがいに関係なくともに働ける場になることがもとめられている。

（齊藤毅憲）

3. 共生的キャリア開発戦略の具体化

共生的システムの構築の重要性

　個人一人ひとりが企業の最大の経営資源である。この個人のキャリア開発を促進し、能力や個性を引き出すことが、競争力の源泉となる。他方、企業のゴールは顧客価値、株主価値を最大化することにあり、この実現のためには「仕事を与えられたからやる」という姿勢から、「個人がやるべきこと」、「個人ができること」、「個人がやりたいこと」に自律的にとりくむことが求められている。この**自律性**を個人と組織が共生的に育成しあうシステム構築が、競争優位づくりのキーとなる。

キャリア・ガイダンスとカウンセリング

　企業が個人のキャリア開発を支援し、これを主に個別カウンセリングを通して推進していく制度は、キャリア・ガイダンスの6つのステップとして知られている。

第1のステップ：**自己理解（自分を知ること）**

　キャリア開発を考える場合、まず自己を知ることが大切である。自己を知ることは、まず自分自身に気づくことであるが、キャリアやライフにおいて、自分が重要と考えている価値観、動機、生き方を知ることである。専門性が求められる仕事や職業においては、職業経験の棚卸（たなおろ）し、職業能力の客観的な確認などが重要である。環境変化に対する迅速力、対応力、対人関係に関する自己認識も自分を知るうえで不可欠である。

第2のステップ：**職業理解（仕事を知ること）**

　人は知らないことには興味をもてない。キャリア開発で重要なのは、多くの職業や仕事に関する情報を個人に提供することである。また個人は公的や企業におけるキャリア開発支援の情報、カウンセリング・プログラムなどを知ることも肝要である。

　たとえば、情報としては以下のものなどがある。

① 　従事する仕事の内容と責任
② 　労働条件や作業環境
③ 　必要な資格

④　就職の方法
⑤　雇用のチャンス
⑥　関連する職業と教育の機会

第3のステップ：**キャリア開発のビジョンや目標設定と啓発的経験**

　職業安定所などでは求職者を様態別、緊急度別に斡旋計画を樹立している。これは、求職者のキャリアビジョンや求職目標に基づいて実施されている。このように個人は、自己理解を深め、必要な仕事（職業）に関する情報を獲得した後、ビジョンと目標を明確にしなければならない。これに関連して、キャリア・カウンセラーが一般的にすすめるものは、以下のとおりである。

①　ゴールとは、あるべき最終の姿である。この目標には個人が決めたビジョンに向かっての行動指針やスケジューリングが含まれる。
②　目標は明確に示され、達成できるものでなければ、個人を動機づけることはできない。個人は、目標達成の可能性が見えはじめると、努力を行うものである。
③　個人みずからが自己理解と仕事（職業）理解に基づき目標を決定し、決定前にトライヤルをしてみる。
④　ビジョン、目標設定、トライヤルという啓発的経験は、つぎのステージに役立つことになる。

第4のステップ：**カウンセリングによる支援**

　大企業を中心にして、個人のキャリア開発支援を行うため個人別カウンセリングを提供している。このキャリア・カウンセリングは、個人のキャリアビジョン、目標や発達的人間観、価値観などに基づき実施され、カウンセリングを受ける個人をクリアエントとか、来談者という。

第5のステップ：**キャリア開発の方策の実践**

　個人が行う社内や転職などによるキャリア開発の実践を企業は支援し、みずから選択した仕事、職業、役割を実現できるようにする。

第6のステップ：**キャリア開発目標の達成度のフォロー**

　第1から第5までのキャリア・ガイダンスや個人へのカウンセリング活動を評価

し、それに基づく援助をつづける。

以上、6つの分野で援助とカウンセリングが実行される。

4．共生的キャリア開発の具体策

キャリア開発における組織のエンプロイメンタビリティを高める取り組みとして、以下の戦略や方策は多くの企業などで行われている。

人的資源開発戦略としての目標管理（MBO）

目標管理（Management By Objective）は、頭文字をとってMBOとして広く実施されている。**ドラッカー**（Drucker, P. F.）が1954年に著書『現代の経営』において、成果によるマネジメントの重要性を提唱し、わが国に導入され、今日の目標管理へと発展してきた。成果・評価の対象は、目標に対しての結果責任をとうものとなり、Plan→Do→Check→Actionの**マネジメント・サイクル**を徹底して実施される。目標は、組織の全体目標実現に向けて、それぞれの個人の職務、課題、数値目標をできるだけ定量化し設定される。

目標管理は、このように組織上の直接の上司と部下との成果に向けての「約束事」といえる。したがって、上司には部下の遂行レベルを見抜く力量が求められ、目標は部下の能力、意欲、スキルレベルを把握したものでなければならない。このため上司は、部下のキャリア開発を促進し、個人の目標と企業目標に融和・統合させ、一体化を図っていく。

現在では、個人の成果を企業の目標に向け、効果的に結集させることが重視されている。「人材の競争力」がまさに「組織の競争力」に直結しているのである。個人の能力、スキル、マインド開発を目指す「キャリア開発度」といったものが、市場での企業の優劣を左右している。

個人のキャリア開発制度としての各種の取り組み

これには、主に以下のものがある。
① 「**自己申告制度**」は、個人のもっているニーズを組織的に把握し、人材の適性配置、選抜、従業員満足を図るためのものである。大企業では4分の3が実行

している。

② 「**複線型人事制度**」は、個人のキャリア上のニーズや適性、興味、能力に合わせて、組織側が多様なキャリア開発のチャンスを提供する。大企業の約2分の1が実践しているという。

③ 「**選抜型研修制度**」は、企業目標の達成のために優れた人材を選抜して優先的に教育する。

④ 「**自主選択型研修(カフェテリア方式)**」と「**自己啓発支援制度**」

　　前者で個人は自主的に自己分析を行い、みずから教育・研修プログラムを選択し、自己啓発を実施する。それはカフェテリアで自分の好きな食べ物を選択するのと同じ行為であるため、「カフェテリア方式」と呼ばれる。企業が研修費用の全額または一部を負担することもある。

　　「自己啓発支援制度」は、これらのプログラムによる自習に加え、みずから休日の読書や研究、外部の研修センター、夜間の専門学校や大学院などで教育を受けることであり、これらに対して企業がなんらかのサポートをする制度である。自己啓発支援制度は大企業の4分の3が実行しているという。

⑤ 「**社内公募制**」は、企業の経営戦略と個人のキャリア上のニーズをマッチさせ、社内の労働市場を活性化させるものである。大企業の約3分の1の企業がこれを実施している。

⑥ 「**人材アセスメント制度**」は、企業におけるキャリア支援の科学的、客観的評価を検討するための情報を提供する。企業は、個人のアセスメントのために、さまざまな心理テスト、パーソナリティ・テスト、適性テスト、興味テストなどを活用している。

⑦ 「**評価(人事考課)の公開制度**」は、企業のなかでの自己の現在の位置づけを知り、今後の方向性を求めていくうえで重要である。しかしながら、評価基準の明確化、評価プロセスの納得性、考課者のトレーニング、組織文化の成熟度などの課題がある。公平な評価は、企業における個人の昇進・降格、給与、教育などのキャリア開発のための機会に関連している。

⑧ 「**公的資格援助制度**」は、企業などの属する業界において公的資格の取得を支援する制度のことである。

> **コラム**
>
> ### 自立志向強めるビジネス・パーソン
>
> 　1990年代前半のバブル経済の崩壊後、日本企業は雇用リストラ（ビジネス・パーソン（企業で働く人びと）を外部に追いだすという労働力の調整）を大規模にすすめています。これによって、企業に依存しながらキャリア開発をすすめてきたビジネス・パーソンは、企業に依存せずに、みずからキャリア開発を行おうとしてきた。異業種交流の場を活用したり、社会人大学院でキャリア・アップやキャリア・チェンジをもくろむ、など自己啓発を行い、自分の専門的な職業能力を高めようという動きが多くなりました。
>
> 　　　　　　　　　　　　　　　　　　　　　　　　　　　　　　（齊藤毅憲）

5．キャリア開発に関する理論的研究

組織の視点からの主張

　シャインはキャリアを「生涯を通じての人間の生き方、その表現の仕方」であるとし、**キャリア・アンカー**の概念を主張している。キャリア・アンカーは、文字どおり「キャリアの錨（いかり）」であり「個人のキャリア開発を方向づけ、自己概念に基づきキャリア統合していく錨」である。

　シャインによれば、キャリア・アンカーは能力、動機、価値観などから構成され、それらが統合されると自己概念（自己像）が形成される。キャリア・アンカーが個人ニーズを明確にするために役立つのに対し、**キャリア・サバイバル**のほうは組織ニーズを分析することを重視している。そして、個人のキャリア開発の成功は、この組織ニーズにどのくらい合致しているかによると結論づけている。

個人の視点からの主張

　スーパー（Super, D. E.）はキャリアの発達を人間の発達と関連づけて分析し、成長、探索、確立、維持、衰退の5段階からなるライフステージに分類し、キャリアは生涯にわたって発達し、変化するという**「生涯経験の虹」**（life-career rainbow）を発表している。

スーパーはこの5段階のキャリアの発達を**マキシサイクル**（maxi cycle）と呼び、このサイクルはリサイクルするという。転職、社内移動、子会社への出向、早期退職、定年などの変化のたびに、新たな**ミニサイクル**（mini cycle）が発生し、マキシサイクルのなかで「新成長・新探索・新確立」がスパイラル状に繰り返され、キャリアは発達するという。また、スーパーによればキャリアの発達は、「**人生上の役割**」（ライフ・ロール）というものと密接に関係しているとした。つまり、ライフ・ロールはキャリアの選択や意思決定に大きな意味を持っている。

社会学習の観点からの主張

クランボルツ（Krumboltz, J. D.）は、キャリア開発と職業選択に関する**社会学習理論**（social learning theory）で知られている。彼は、「キャリア開発は学習プロセスの結集である」とし、学習プロセスを理解することを重視している。クランボルツはまた、キャリア形成の要因として「**ハップンスタンス・アプローチ**」（happenstance approach）を提唱している。

それによると、予期せぬ偶発的な出来事をうまく活用することで、自分のキャリア形成のための力に変えることができる。偶発的出来事が起きる前に、自身でさまざまな行動を行っており、その行動が次に起こる出来事をも決定していると考えられる。キャリアは用意周到、綿密に計画し、準備できるものでもない。むしろ偶発的にやってくる絶好のチャンスを見逃さないようにし、そのために心を広く開いておかなければならない。

以下は、彼のライフ・キャリアの考え方を要約している。

① 人は生涯学習しつづける存在で、キャリアはこの生涯にわたる学習によってつくられる。
② キャリアの最終目標は、豊かな楽しみのある人生や生活を築くことである。
③ 予期せぬ出来事をむしろ意図的につくりだすことが大切である。
④ キャリアを選択するための種々のコースに対しては、いつでもオープンにし、なにかひとつに決めないようにする。
⑤ 予期せぬ出来事がどうなるかを調べることが大切である。
⑥ 失敗することも学習であり、学ぶことが多い。
⑦ スキルは学習で修得できるという前提で仕事を選択すべきである。
⑧ 引退は他人を支援するためのスタートでもある。

統合的人生設計（integrative life planning）の視点からの主張

ハンセン（Hansen, L. S.）は、キャリア概念に家庭から社会まで、人生におけるすべての役割を盛り込み、新しいキャリア観を提唱した。また、キャリアのデザインでは個人的な人生上の満足だけではなく、自分にも社会にもともに役立つ意義のある仕事を行うという視点が重要であると述べている。

ハンセンはキャリアをつくるライフ・ロールが4つの要素からなるとした。この4つの役割とは、「**仕事・学習・余暇・愛**」（Labor, Learning, Leisure, Love）であり、それぞれうまく組み合わさってこそ意味あるものになるとした。

ハンセンの視点はつぎのように要約される。

① 広い視野にたって、キャリアの選択を行う。
　単に自分のニーズを満たす視点からではなく、世界、社会、環境の問題やニーズを解決するために役立つという広い社会的な視点から考えること。

② 人生の"パッチワーク"を創造すること。
　キャリアの選択においては、「**身体・心・精神性（スピリチュアリティ）**」の3つの統合が必要であり、こうした全体的な要素を組み合わせ、適合させて、自分の人生の"パッチワーク"を創造するという視点から考えること。

③ 男女の共同、共生を目指すこと。
　従来は、男性中心のキャリア理論であったが、男女がよいパートナーシップを形成することによって、相互のキャリアが開発され、お互いに高められるような協力、共同の視点から考えること。

④ **多様性**を活かすこと。
　われわれの生活する社会には、人種、宗教、性別、年齢、身体特性、能力、性格、嗜好など、多様な相違が存在している。グローバル社会において、この多様性を認め、お互いに刺激しあい、新たな発想で社会を創造する視点で考えること。

⑤ 仕事に「**精神的意味**」（spirituality）を見出すこと。
　仕事を通して社会に貢献し、それに精神的意味を見いだす視点から考えること。

⑥ 個人のキャリア転換と組織改革に上手に対処すること。
　終身雇用が終りを迎え、いまや個人が自律的にキャリアを選択し、人生の変化に柔軟に対応する視点から考えること。

意思決定論の視点による主張

ジェラット（Gelatt, H. B.）は、意思決定とは個人のキャリア開発に方向づけを行うために、情報を収集し、活用することであると述べている。意思決定の基本要件は、①すべての意思決定にはそれを行う個人が存在する、②情報に基づく２つ以上の代替案の中から選択しなければならないことである。

また、ジェラットは、新たな考え方を提唱した。そのひとつに「**肯定的不確実性**」（positive uncertainty）がある。これは、現代のような不確実性の時代には、キャリアについての不確実な未来に関しても肯定的に捉え、ありのまま受容することが重要であると述べている。キャリアの未来は、個人が未来をいかに捉えるかという「**心のまなこ**」（mind eye）にかかっていると述べている。

＜参考文献＞

Gelatt, H. B. (1962) "Decision Making, Conceptual Frame of reference for Counseling," *Journal of Counseling Psychology* 9.

Hansen, L. S. (1984) *Integrative Life Planning*, Jossey & Bass Publishers.

Nevill, D. D. & Super, D. E. (1984) *The Life-Career Rainbow*, Jossey & Bass Publishers.

Krumboltz, J. D. & Hendersen, S. J. (2002) *A learning theory for career counselors*, National Career Development Association.

木村　周（2006）『キャリア・カウンセリング（改定新版）』雇用問題研究会

宮城まり子（2004）「ここが知りたい・労働研究＜働くということ＞」『日本労働研究雑誌』第525号

M. ジャヤシンゲ（2004）*Counseling in Careers Guidance*.（小林　勝・村上良三訳『キャリア・ガイダンスとカウンセリング』同友舘）

コラム

お父さん、お母さんの働いている姿を みたことがありますか
―― キャリア開発の師に学ぶ ――

　自営をしているお父さんや家庭のなかで働いているお母さんの姿は、よく見ることができます。しかし、外で一生懸命働いているお父さんやお母さんの姿は見たことがありますか。どのような仕事をして働いていましたか。見たことがなければ、お父さんやお母さんなど、周囲の親しい大人に仕事の話や人生経験をうかがってみたら、どうでしょうか。

（齊藤毅憲）

第3章

人材開発とキャリア開発

本章のねらい

　社会が発展していくためには、その構成員である個人が能力を向上させる必要がある。能力向上への個人の挑戦は、どのような仕事を選択しようが求められる。また、企業は業績向上のために**OJT**あるいは**OFF-JT**で従業員の能力の向上を図る仕組みを作り上げてきている。とくに近年においては、人材開発とか、キャリア開発の必要性が叫ばれている。

　なぜ、人材開発、キャリア開発がそれほど重要となってきているのか。人材開発とキャリア開発はどこが違っていて、どこに接点があるのか。ここに焦点を当て、人材開発、キャリア開発を理解し、学生時代に行っておかなければならないこと、これから社会に出ていくに際して、考えておかなければならないことをみていこう。

1．人材開発の重要性

人材開発の意味

　人は、組織に必要な単なる**経営資源**ではなく、つねに成長し、その成長を通じてさらに組織に貢献するという認識が強くなっている。したがって、人の成長を促し、能力を高めていくことは、企業や組織、さらに国家にとっても意味がある。

　とくに日本は天然資源に乏しく、人の能力を高め、それを最大限に活用する以外には生きていく道はない。この認識に立って、近年、企業や組織が意識して人材の育成を図っていこうとしている。人材の重要性がますます増してきていることから、人材を「**人財**」と表現する企業も増えてきており、**ヒューマン・リソース**ではなく、「**ヒューマン・キャピタル**」という考え方も浸透している。

　また、グローバル化の進展、中国を中心としたアジア諸国の追い上げと競争の激化

により「**知**」による差別化が企業競争力を決定する最大の要因となってきている。新しい技術やビジネスモデル、アイデア、デザイン、コンテンツ、ブランドといった「知」が、他社との差別化を生み、企業に多大な利益をもたらしている。

これらの「知」を生み出すことができるのは人材であり、「知」を生みだせる人材をどう育成していくのか。さらに、これらの人材を辞めさせることなく、長くつなぎとめ、どうしたら最大限に力を発揮させていくことができるのか。これらを考えることが、企業の人事戦略にとって大変重要になっている。

これからの人材開発、キャリア開発について考えていく前に、まず、ことばの定義を行っておきたい。人材開発に類したものに「**人材育成**」がある。人が育つためには、訓練が必要となる。高度な技能であったり、技術や知識を習得するためには、簡単なこと、単純なこと、基礎的なことの習得から始まり、少しずつ高度なことを習得する必要がある。ここで重要とされることは、**反復**と**継続**であり、高度なものであればあるほど、長期間にわたる反復と継続のプロセスを経なければ習得はできない。

また、このプロセスは、決して楽なことではない。人材開発あるいは人材育成とは、この反復と継続のプロセスを通じて能力を向上させていくことを意味している。そして、ここでは人材開発と人材育成は、人の能力を向上させることとし、同様の意味として捉えることにする。

また、キャリア開発とは、仕事を通した経験の深まりのなかから生まれてくる**職業能力**の形成を意味する。当然のことながら、企業の人材開発は、この職業能力の向上が目的である。そして、従業員の**適性**を考え、最大の**能力**を発揮できるよう長期的にこの職業能力の向上を図っていくことになる。したがって、企業における人材開発とキャリア開発とは重なりあってくる。従業員の適性を見きわめ、人材開発を継続することで、キャリア開発へとつながることになる。

長期雇用と人材開発

日本の企業は関係会社も含め、基本的には定年まで従業員の雇用を保障するシステムをとってきた。企業が従業員に対して長期に雇用を保障するためには、つねに変化する**外部環境**が社内の事情に合わせて、従業員を削減可能な部門から、これから伸ばしたい部門へと**人事異動**させることが必要であった。人事異動に際しては、従業員の希望、家庭の事情などが考慮されることがあったとはいえ、最終的にはあくまでも企業の専権事項であり、従業員の意思で自己の異動先を決定できるわけではなかった。

このような環境のなかでは、現在の職場で自己のキャリア形成ができないのであれ

ば、希望するキャリアに沿った仕事をさがし、**転職**していくほかなかった。しかしながら、転職した企業においても、環境の変化にあわせて、当然、従業員を人事異動させる必要が生じる。外部環境や社内の事情から、人材の再配置が行われることになる。このようなシステムの下で、個人が自己のキャリア形成を行うためには、転職によって従業員みずからがキャリアの自己形成を図ることが必要であった。

　ここで重要なのは、このように転職を繰り返すことができる従業員は、企業を超えて通用する知識やスキルを身につけていることである。それには、近年、よくいわれる市場価値、**エンプロイアビリティ**が高い従業員である必要があった。転職を通じてキャリアアップを図るということは、長期的には自己の成長を通じて収入のアップも見込まれなければならない。年齢が高ければ給与も高いというそれまでの年功序列賃金体系のなかで、ともすれば不利に扱われてきた、**中途採用者**が報酬のアップを図るためには、高い専門性や能力で必要であった。このような状況のなかで、転職を通して、キャリアアップを図れる人材は、これまでの環境のなかでは、ごく少数の人たちであった。

　従業員の雇用を長期に保障するというシステムの下で、企業の戦略に沿って人材の量と質を確保するためには、人材開発に対して企業が主導権を持つことが必要となる。企業は、年間計画である予算以外に、中・長期的な戦略策定のために中・長期の計画を立てる。この**中・長期計画**の立案に際しては、必ず人材の投入計画も策定される。過去は稼ぎ頭であったが、成熟期を迎え、徐々に手を引いていく製品や事業分野から人材を削減し、戦略的に強化しなければならない分野へと、人材を投入することが必要となる。当然、ここでは現在雇用されている人材だけではなく、新卒、中途での採用計画も盛り込まれる。

　この中・長期計画によって必要とされ、現有のスタッフでは不足する人材については、外部から中途採用で補うか、あるいは従業員を育成することによって、必要とされる人材の質量を確保することが計画される。歴史ある企業においては、原則として外部からの中途採用は極力避け、内部で人材を育成する方法がとられることが多かった。このように、企業の人材開発は、あくまでも企業の主導権で行われ、従業員の自主的なキャリア形成が考慮されることはなかった。

大量生産型製造業モデルの下での人材開発

　第2次世界大戦後、焼け跡から出発した日本は、質は高いが、安い労働力を武器に成長する。当初安かろう悪かろうであった製品も、徐々に力をつけ、アメリカを凌駕

（りょうが）するようになる。繊維から始まり、鉄鋼、産業用機械、自動車、半導体といったように、製品も技術的により高度なものへと変っていった。同じものを大量に生産するという大量生産型製造業モデルの下で、日本は高度成長を続けた。この時代の合言葉は、アメリカに「**追いつけ追い越せ**」であり、アメリカというはっきりした目標が存在していた。

　大量生産型製造業モデルの下では、企業は従業員の**平均的な能力**を高めていく必要があった。モノをつくる生産ラインを考えてみよう。自動車の生産ラインなどでは、スタートとなる川上から製品にできていく川下まで一人ずつ違った部品を取り付けていき、最後の労働者が部品の取り付けを行うと、製品が完成する。前の工程の労働者が部品の取り付けを完了しなければ、次の工程の労働者は、部品の取り付けはできない。ここでは、作業のスピードはもっとも遅い労働者に合わせなければならない。

　このような生産ラインでもっとも重要なことは、労働者の能力をできるかぎり**平準化**することであった。生産ラインのなかに一人でも能力の低い労働者がいると、全体の能力がレベルダウンする。また、この労働者のために、力のある労働者に手あきが生じ、生産性の低下とともにコストアップにもつながる。ここで重要なのは、各人の能力を同じようにするという平準化を進めながら、一人ひとりの能力をできるかぎり高めていくことであった。

　高度成長を続けていた大量生産型製造業モデルの時代は、製品をつくれば売れた時代でもある。1日に製品を100個生産できる企業より、120個、150個生産できる企業のほうが**マーケットシェア**を拡大できたし、売り上げ、利益を高めることができた。そこで、この時代の人材開発は、従業員全体の平均的な能力の向上が最重要課題であった。

　ここでの人材開発は、優秀な従業員を抜擢（ばってき）し、その従業員の能力をさらに伸ばしていくのではなく、優秀な従業員を犠牲にしても、平均点に満たない従業員を平均点まで持ち上げていくことが優先されていた。それは、**階層別教育**と呼ばれる教育システムによる人材開発である。この階層別教育とは、従業員がある役職や資格に到達する前後に、全員にまったく同じ教育を受講させることである。

　そして、この教育は、企業がある役職や資格に昇進・昇格する従業員に絶対に必要と考える知識とか、スキルを付与することであった。当然、このような知識やスキルを持っている従業員もいる。しかし、それにはおかまいなく、企業が決めたプログラムに従って従業員全員に**一律の教育**を行ってきた。大量生産型製造業モデルで重要であったのは、少数の卓越した人材ではなく、バラツキが小さく、全体の平均を可能な

かぎり高めていくことであった。

知的生産型モデルでの人材開発

　企業は、人、モノ、金、情報という経営資源を投入して、商品やサービスを生産している。ここでは、できるかぎり経営資源の投入量を小さくして、商品やサービスの最大化を図っていくことが必要となる。商品やサービスが同じであれば、当然、投入する経営資源の小さいほうが利益は大きくなる。

　したがって、商品やサービスが同じであれば、日本は人件費が安いアジア諸国や中国に勝つことはできない。日本の製造業がアジア諸国や中国へと生産基地を移転していったのは、企業行動としては理にかなったことであった。

　このように、世界でもっとも人件費が高い国の一つとなった日本は、アジア諸国、中国と同等レベルの商品やサービスを提供していては勝負にならない。日本がアジア諸国、中国に勝って行くためには、アジア諸国、中国がつくれないものを生産していかなければならない。これは、新しい技術や**ビジネスモデル**といった「知」で優位性を持つことを意味する。この「知」を生み出すのは、人材であり、その意味でもこれからの企業にとっては、これまで以上に人材の重要性は増してくる。

　このような**差別化**を可能にする新しい「知」を創造できるのは、これまでのような平均的な人材ではない。これからは、大量生産型製造業モデルで必要とされてきたのとはまったく違った人材が必要となる。さらに、「追いつけ追い越せ」の時代のアメリカといったモデルも存在しない。みずからがビジョンを持ち、そのビジョンの実現のための戦略をつくり、それを実現できる人材が必要となってくる。生き残るためには、「知」の生産に向かわざるをえない。そして、この「知」の生産競争もより激しさを増してくることになる。

　このような環境の中での人材開発は、ごく早い段階から能力の高い人材を見つけ出し、これらの人材に高質な経験と教育を行い、新しい「知」を生み出せるように育成しなければならない。それは、これまでの全体の平均的な能力を高める教育ではなく、少数でも飛びぬけた人材を育成する**早期選抜教育**である。企業における人材開発も、集中と選択が必要な時代となっている。

　早期選抜教育による**飛びぬけた人材の育成**とともに、これからの時代の人材開発では全員を一律に教育するのではなく、従業員個人に着目して、その個人をどのように伸ばしていくのかという観点が必要である。そのためには、まず従業員個人に目標を持たせる。さらに、現状を把握させ、目標と現状とのギャップをどのように埋めてい

くのかを考えさせ、個人に目標に向かって努力をさせていく必要がある。このプロセスでは管理者と従業員のコミュニケーションを密にし、これにより**企業目標と個人目標の統合**を図ることが鍵となる。IT化が進展しているので、企業はシステムを高度に活用し、個人にきめ細かな人材開発支援を行うことができる。

コラム

仕事は、どれも大切！

　この世の中で行われている仕事は、どれも必要であり、大切なものです。組織のなかで歯車のひとつとして働いていても、それがなければ歯車は動くことはできないのです。ひとつとして、仕事はおろそかにしてはいけないものと思っています。自分の仕事は、たとえささやかなものであっても、役に立っているから行われているのです！「小事も大事」（につながるもの）なのだと思います。

（齊藤毅憲）

2．キャリア開発の意味

キャリア開発の背景

　バブル経済崩壊以前の1980年代までは、従業員のキャリア形成は企業の責任において実施されていた。しかし、従業員みずからが自己のキャリア開発を主体的に行う環境にはなかった。人材開発が**企業主導**であれば、従業員のキャリア開発も企業主導にならざるをえなかった。

　バブル経済崩壊以降、それまで**超優良企業**（エクセレント・カンパニー）といわれた大企業といえども、倒産する企業が出てきた。また、成長の鈍化と競争の激化による企業収益の悪化は、いわゆる**雇用リストラ**と呼ばれ、特に年功序列によって給与が仕事に比して高くなっていた中高年者の排除がはじまった。その際、**自己責任**の議論とともに、自己のキャリアは従業員みずからが開発していくという考え方が、企業側から出てくることになった。

　これは、日本における市場化の流れと同じである。それまでの日本においては、官が民を指導し、コントロールを加えて保護してきた。それは、業界団体とそれを通し

ての政府、行政機関による**行政指導**である。日本の国際的地位の向上とグローバリゼーションの流れのなかで、規制撤廃が強く求められ、さまざまな分野で市場化の流れが一気に加速することになった。市場での自由な競争にはつねに自己責任が求められる。そして、市場化の流れは、企業で働く従業員に対しても自己責任を求めることになった。

このような企業側の流れとは別に、近年、企業倒産の拡大、年金受給の繰り延べによる**職業生涯の長期化**、技術革新の速まりによる**能力の陳腐化**の加速化、さらには、中国を中心としたアジア諸国の激しい追い上げのなかで、日本での高付加価値分野への進出の必要性から、個人に対してより**高い専門性**が求められている。こういった時代背景のなかで、従業員側も、失業といった突然の事態から自己を守る必要から、企業に自己のキャリアのすべてを委ねることへの心配が出始めている。

過去どこの大企業でも見られたように、入社した従業員を定年まで丸抱えで面倒をみることができた企業が、従業員のキャリアに対して全責任を負えなくなってきている。また、従業員にとっても自己のキャリア形成はみずからが行い、**自律した個人**として将来を切り拓き、自己の職業生涯をまっとうしていきたいという人たちが増えてきている。従業員は、自己責任のもとでキャリア開発を行い、企業は、従業員のキャリア開発を積極的に支援していこうとしている。

環境の変化とキャリア開発

国際競争の激化、グローバリゼーションの進展のなかで、企業は従業員を**定年退職**まで雇用を保障することが難しくなっている。このような状況のなかで、従業員の自己責任によるキャリア形成の必要性が求められるようになっている。技術のライフサイクル（寿命）はますます短くなり、新技術の登場は主流であった技術をすべて駆逐し、企業だけではなく、この技術にかかわってきた人材をも含めて、市場から撤退させている。この現実のなかで、企業は従業員を長期にわたる雇用を保証できなくなってきている。要するに、企業の存続すら保証されない時代となっている。

進展する技術革新、中国を中心としたアジア諸国の激しい追い上げと、将来への不確実性が深まるなかで、多くの大企業でも中高年従業員に対するリストラによって人材の切捨てを実行してきた。従業員だけではなく、家族や身内のなかでも多くの人たちが**リストラ**を体験することになった。この現実を目の当たりにして、みずからの職業生活をみずから手で設計したいという考えがでてきたのは当然のことである。

さらに、少子高齢化の進展のなかで、**年功序列**の維持が難しくなっている。この結

果、企業は**成果主義人事制度**へと大きく舵（かじ）をきることになった。成果主義を強めていくと、その過程で社内人材公募制度の導入が不可欠になる。優秀な人材ほど自己が希望しない部門に配属される。しかもそこで成果を評価されることは望まない。これを続けていくと、優秀な人材ほど転職していく。優秀な人材に転職されてしまっては、企業は存続できない。このように、成果主義人事制度の導入には、社内人材公募制度の導入もあわせて考えていかなければならない。

　社内人材公募制度は、人材を必要とする部門が人材の要件を明示して、社内に広く人材を公募する制度である。所属部門の上司にわからないかたちで公募が行われ、採用が決定すると、上司は異動を拒否できない。上司に拒否権を認めると、社内人材公募制度は成立しない。仕事は社内に限られるが、従業員自身が望むキャリアを自己が選択できるのがこの公募制度である。キャリア開発の主体は、従業員自身であり、企業は従業員のキャリア開発を支援していくということになる。年功序列人事制度の破綻、それに伴う成果主義人事制度の導入は、社内人材公募制度を促し、従業員にとってはキャリアの自己形成ができることになる。

　アナログからデジタルへ、ハードからソフトへ、加速化し広範囲に進展する**IT化**の流れのなかで、企業は必要とされる人材を企業内で育成する時間的余裕を持てなくなっている。IT化の進展と深化によって、これとはまったく関係のなかった分野でも高度なIT技術が必要とされている。さらに、技術変化の加速化、グローバリゼーションの進展は、高度な技術を駆使し、グローバルで活躍できる人材、リーダーシップやマネジメント能力の高い人材に対する**中途採用**を活発化させてきている。そこで、従業員にとっては転職によるキャリアの自己形成の可能性が増している。

　企業は、他社から高給で引き抜かれる優秀な従業員を引きとめなければならない。優秀な従業員に対してキャリアの自己形成ができる環境を整え、キャリア形成を支援する体制をつくりあげる必要がでてきている。社内人材公募制度の導入とともに従業員に対するキャリア支援が必要不可欠となっている。ここでのキャリア開発支援は、人材開発そのものとなる。みずからの意志で自己のキャリア開発を行っていこうという従業員に対して、キャリア開発を支援することで、人材開発が行われることになる。

これから求められる人材とキャリア開発

　これからの**知的生産型モデル**で活躍する人とは、他社でも活躍できる人材であり、必要であれば高給をもって引き抜きをかけられる人材である。企業にとっては、こう

いった人材こそ、いてもらわなければならない。そして、いつでも引き抜きをかけられる人材と企業との間には、強い緊張関係が生まれることになる。この人材は、企業内で自己のキャリア形成ができなければ、希望するキャリア形成ができる企業へと転職していく。転職させないよう処遇も含め、キャリア形成への支援が必要となる。

　ここでわかることは、これからはみずからキャリア開発を行い、**市場価値**を高めていける人材とそれができない人材とに分かれることである。具体的には、市場価値が高い、「いつでも辞められる人材」と市場価値が低い、「辞められない人材」である。これからの日本企業が生き残っていくためには、より多くの「いつでも辞められる人材」をいかに育成していけるかにかかっている。この自己のキャリア開発を自律的にできる人材に対し、企業はキャリア支援を行い、さらなる人材開発につなげていかなければならない。企業にとってもきわめて厳しい時代となっている。

　従業員にとっては、「いつでも辞められる人材」になる努力が必要となる。**成果達成**には、意欲と能力が必要となる。高い目標を持ち、それを達成するための強い意思とスキルや知識の習得が欠かせない。理論とともに実体験から得られる知識や経験も重要となってくる。すべておまかせで定年退職まで「**丸抱え**」する時代は終わったのである。

　いつ倒産しても生き抜けるよう人生のなかで自己のキャリアをデザインしていく必要がある。目標を定め、約40年にわたる職業人生のグランドデザインを描く。自己の現状を把握し、現状と目標とのギャップをどのように埋めていくのか、将来をみすえながら節目ごとの到達点をとらえていく必要がある。

　したがって、従業員の目標は、市場価値が高い「いつでも辞められる人材」、企業がどのようなことがあっても、いてほしいと思う人材にならなければならない。企業は、このような人材に集中的に教育投資をする。企業内でも活躍し、高質な経験を通じて、より市場価値を上げていくことになる。これまでのように時間をかけてゆっくり差をつけていくのではなく、早期に大きな差をつけていく時代となっている。時代の風を鋭く感じながら、自己をつねに変革していける人材、自律的に自己のキャリアを開発していける人材が求められている。

学生時代とキャリア開発への着手

　学生生活を終えると、初めて社会に出るという大きな岐路に立たされることになる。いくつかある選択肢のなかから、自己のキャリアの方向性を決めなければならない。ここで重要なことは、キャリア選択の主体はあくまでも自分自身であるというこ

とである。その選択は、就職活動（**就活**）が始まる4年生の春となる。大学院に進学する、公務員試験を受ける、弁護士とか、公認会計士といった**資格取得**を目指す場合でも、企業には就職しないという選択をこの時点でははっきり決定しなければならない。

しかしながら、この時点で**職業選択**を行っているのでは遅い。どのような選択をするにしても、そのための準備が必要となる。大学へ入学することが目的ではないはずである。**人生の目標**に向け、学生生活を送ってきているはずである。大学へ入学したら、ごく早い段階で目標を定め、その目標に向かって努力を続ける必要がある。当然、大学で履修する科目、ゼミについても目標との関連を考えた選択をすべきである。ただ、あまり狭く考えるべきではない。定めた目標に関係していないように思えても、深く関係していることは多い。

高等学校までの必修科目は、どの科目であっても最低限平均点をクリアする必要があった。この時代までに学ぶことは、どの分野に進むかにかかわらず、人間として必要とされる**基礎的な知識**を得ることが目的であり、得手不得手に関係なく勉強をすることに意味があった。しかし、大学は履修科目の選択範囲を広げ、みずからが勉強を設計できるようにつくられている。ここでは、みずからの目標、キャリアに沿った科目を選択して、目標、キャリアへのステップアップを目指すべきである。そして、大学では不得手な分野を克服することよりも、得意な分野をさらに伸ばすことを考えるべきである。

コラム

大学での学習は生きる！

大学の学習は、どちらかというと抽象的なので役立たないといわれてきました。しかし、決してそんなことはありません。しっかり学習して、それを使って現実の問題を説明したり、分析してみたりすると、役立つものになります。いいかげんに学習したり、それを使ってみようと考えないと授業料は本当に無駄になってしまいます。本人の学習の心がまえとしかたで、大学での学習は生きるものになります。

（齊藤毅憲）

人生では、**シナリオ**はみずからが書き、その主役を演じていくことになる。学生時代は、どのようなシナリオを書くのか、目標を見すえながら、そのアウトライン、グランドデザインを書かなくてはならない。未知のことも多く、わからないこと、不安なことも数多くある。高い目標を掲げ、その準備に早く着手すべきである。目標が高ければ高いほど、そこへ到達するには時間を要する。人生は短距離競争ではない。小さな努力を継続すること以外には目標達成の方法はない。明日ではなく、今日からはじめることである。

3．企業における人材開発とキャリア開発

NECにおける人材開発

　NECにおいても各レベルに昇進した社員全員を教育する階層別研修を縮小して、選抜した人材を集中的に育成していこうとする**選抜研修**への切り替えが行われている。強いリーダーシップと戦略的決定ができるリーダーの育成を目指し、企業経営における「集中と選択」と同じように、人材開発においても「**集中と選択**」がはじまっている。

　将来、グローバルなビジネスの場で活躍できる高い素質を持った人材をごく早い段階で選抜し、経営幹部の候補者として、**計画的なローテーション**（人事異動）と実践による経験、質の高い研修を行い、これを通してグローバル・ビジネス・リーダーに育成するプログラムである。このプログラムでの研修は、3段階に分かれており、主任と若手の課長クラスを対象とする「NEC特別MBA講座」、部長クラスを対象として事業部長候補を育成する「NEC経営アカデミー」、執行役員候補を育成する「一橋シニアエグゼクティブプログラム」、「早稲田大学グローバルリーダー育成プログラム」である。

　この研修修了者については、各段階でプール人材として登録され、成果と行動状況を見きわめた結果により定期的に見直しが行われる。「NEC特別MBA講座」の修了者①は700名、「NEC経営アカデミー」の修了者②は200名、「一橋シニアエグゼクティブプログラム」修了者③は100名の登録を目標としている。このプールされた幹部人材の早期選抜と育成プログラムは、キャリア・アクセレレーション・プールと呼ばれ、**グローバル・ビジネス・リーダー育成**の根幹をなしている。

　素質の高い人材を早期に選抜し、選抜教育を受講させてプール人材として、登録を

行う。これらのプール人材にストレッチな役割と多様な経験を与えて鍛え、その成果を多面的かつ継続的に評価してさらに絞り込む。このプロセスで絞り込まれた人材にさらに上位の選抜教育の受講機会を与えて、育成を図るという育成サイクルを通じて、45歳までに執行役員として活躍できる人材に育てあげようとしている。

選抜教育の考え方は、前述の①の主任や課長クラスには、経営のスキル習得を目的とした研修、②の部長クラスにはケースを中心に戦略とマネジメントを主眼とした研修、③の執行役員候補には経営トップとしてのものの見方や、経営の総合判断を行う際に必要とされる枠組みを深めることを目的としている。

大量生産型製造業モデルから知的生産型モデルへという変革期のなかで、企業の人材開発も大きく変わってきている。過去、日本は早期に差をつけることは避け、時間をかけて人材の選抜と育成を行ってきた。ここでは、時間をかけることで大きな失敗を回避できるということと、従業員を長期にわたって動機づけ、意欲を高めることができるという利点があった。

早期選抜は、ごく初期の段階で従業員に差をつけるため、選抜にもれた人材をどう動機づけていくのか、という課題が残る。優秀な人材を早く見つけて伸ばさなければいけないという要求と選抜にもれた人材を動機づけ、意欲を持続させていかなければならないという、あい矛盾する要求をどう調整していけばよいのか。それは激しさを増す国際競争のなかで、日本企業の人事管理上の大きな課題のひとつとなっている。

「輝く個人」のためのキャリア支援

2002年10月、NECは「**ライフタイム・エンプロイメント**」(終身雇用)から「**ライフタイムキャリア・サポート**」へと考え方を大きく変化させた。大きなパラダイムの転換期のなかで、これまでにない新しい価値を創造できる人材、技術やニーズの変化にすばやく対応できる人材、失敗を恐れず果敢に挑戦できる人材、を育成していく必要性を打ち出すことにした。これまでの知識や経験が通じない時代をむかえ、これからは他社でも通用する「**輝く個人**」の育成が求められることになった。

日本企業では、これまで企業と従業員が強い絆(きずな)で結ばれていた。長期雇用と年功での処遇、家族をも含めた福利厚生によって、組織の凝集性と団結力は高まり、集団での成果達成と向上に貢献してきた。しかし、ともすれば個人の甘えを許し、フリーライダーの存在に目をつぶることにもつながった。また、集団を優先するあまり個への配慮に欠け、**異質な個**がつぶされることも多く発生した。現在では、求められる人材が大きく変化し、異質な個の長所を伸ばすことが求められている。それ

は「輝く個人」の育成でもある。

　「輝く個人」とは、能力を一企業ではなく、「社会」で発揮していくことが前提となる。企業は輝く個人に選択されるような「場」を提供し、両者の緊張感ある関係と切磋琢磨（せっさたくま）によってともに向上していく関係をつくることが、これからの企業と個人とのあるべき姿である。この関係をつくることによってのみ、現状を否定し、新しい変化を起せる風土を築くことができる。ここでは、人材は企業資産ではなく、社会資産となる。個人は**ライフタイムキャリア・デベロップメント**を通じて自己革新を図り、企業はこの個人へのライフタイムキャリア・サポートを続けていくことが求められている。

　企業は従業員に、持続的な成長を促すことができるもっとも輝ける「場」を提供する。従業員はこの場にチャレンジして最大の成果達成を試みて企業はこの関係の最大化を図るための戦略的なキャリア支援策、ライフタイムキャリア・サポートを行うことになる。レジュメの作成、全方位からの**360度評価**、適職アドバイスといった気づきを促す施策、社内人材公募、ポジションエントリーなどの流動化の施策、マネジメント研修を中心とした経営力の開発・向上といった支援が中心となる。

　さらに、「輝く個人」実現のために、従業員へのキャリアデザイン支援が行われている。新入社員への**キャリアガイダンス**からはじまり、30歳、40歳、50歳到達時点での年齢の節目での気づきの機会を提供する研修の実施、キャリア形成を日常的に支援するライフタイムキャリア・サポートWEB、eキャリアカウンセリングがある。

コラム

NPOで働く！

　企業や行政組織だけでなく、NPOやNGOで働くことが増えています。日本ではまだ成長過程であり、お金や人材の不足、マネジメント（経営）能力の不備などでNPOで働くことには、むずかしさもあります。もっとも、NPOには理想とするビジョンや高い目標をかかげて活動するという、なにものにもかえがたいインセンティブがあります。したがって、そのようなビジョンや、目標に共感したり、賛同できる場合には、働くチャンスのひとつとして選択してみてはどうでしょうか。

（齊藤毅憲）

8人の**キャリアアドバイザー**が、専任でこれらのキャリア支援への企画・運営を行っており、これらのキャリア支援プログラムを通して従業員は、自発的に自己のキャリア形成にチャレンジしていくことになる。このプロセスのなかで、グローバル・ビジネス・リーダーの育成、グループ外への転出も含めた新しいキャリアへのチャレンジに対する支援も行われる。

NECにおけるキャリア研修

　同社のキャリア研修は、30歳での行動特性の観点から自己を知る、40歳の市場価値の観点から自己を知る、50歳でのセカンドキャリアを見据えて自己を知る、の3つの研修が中心となる。これらの3つの研修は、従業員に気づきを与えて、現状を認識させ、自己のキャリア目標とのギャップを確認させることが目的である。

　そして、従業員にギャップを埋め、どのように自己の目標に近づけていくのかを考えさせることになる。現状を認識し、目標を再確認して目標達成のためのシナリオを描く。このサイクルを日常化させ、自己研鑽（けんさん）を通じて自己革新へとつなげていくよう動機づけることが、キャリア研修の主眼である。

　30歳研修では、行動特性の**アセスメント**（評価）を事前に受けることからスタートする。研修では、このアセスメントの結果を本人にもどし、自己の行動特性の特徴を把握させる。これによって自己のパフォーマンス（成果達成）における強みと弱みを認識する。強みをさらに強化し、弱みをどのように克服していくのかを考えさせるのである。つぎに、自己のキャリア計画を踏まえて自己開発のアクションプランを立てることになる。講師は、社内の**キャリアアドバイザー**が行い、希望者には個別にアドバイスも行う。

　40歳研修では、レジュメ診断を通して自己の市場価値を認識する。まず、レジュメを作成し、これから従業員の市場での価値を評価する。最後の診断までには、何回か確認のためのやりとりが行われる。レジュメによる市場価値診断が終了したら、市場価値向上プログラムに参加する。

　ここでは、3つの視点から自己を確認する。個人の視点、社内の視点、キャリアの市場性の視点である。**個人の視点**では、価値観・仕事観とスキルを再確認する。**社内の視点**では、会社が自己に期待する役割に対して現実はどうなっているのかについて確認を行う。**キャリア市場性**の視点では、市場価値とキャリアポイントについて考えてもらう。これら3つの視点から自己確認を行ったのち、キャリア設計にとりかかる。キャリアの方向性を確認し、キャリアの目標設定を行う。すべてが終了したら、

明日からなにを行うのかを考えてもらうことになる。

　50歳研修では、退職後のライフビジョンを見据えたキャリアプランを考えさせている。人生80年時代をむかえ、退職後の20年を充実して生きていくためのグランドデザインを描くことになる。ここでは、3つの側面からキャリアプランの構築を行う。まずは、お金つまり**ファイナンシャル**の面から、つぎにはライフビジョンの面から、最後が自己を取りまく環境の面からである。

　ファイナンシャルの面からは、退職後の生計をどう立てていくのか、退職金、年金を含めて考えてもらう。そして、**ライフビジョン**の面では、退職後の生きがいを考える。個人のライフスタイル、価値観とも深く関係するが、仕事を離れた自己を想像し、生きがい、生き方について考えてもらうことになる。さらに、自己を取りまく環境の面からは、現代と環境を理解し、仕事あるいは家庭にどのような影響を及ぼしているのかについて理解する。

　30歳、40歳、50歳と、人生、会社生活、家庭生活でも大きな節目となる年代の分かれ目に際して、キャリア研修を行う意味は大きい。過去を見つめ、現在の**自己の棚卸**（たなおろ）しを行い、将来へ向けての行動プランと行動へのきっかけを与えるこれらのキャリア研修は、忙しさにかまけ、現状に埋没しがちな従業員に刺激になるだけでなく、自己を見つめる機会となる。キャリアの自己形成と「輝く個人」の実現にとって、これらはより重要性が増すはずである。

《ケース》

　まず、自己のキャリア目標を描いてください。つぎに現状の自己を分析して目標を達成するために習得が必要となる経験、知識、スキルを書き出してください。時間軸のなかで、目標と現状とのギャップをどのように埋めていくのか、そのための具体的方策を500字以内で述べて下さい。

＜参考文献＞

川端大二・関口和代（2005）『キャリア形成』中央経済社

菊地達昭（2005）「NECにおけるキャリア支援」日本キャリアデザイン学会編『キャリアデザイン研究』

菊地達昭（2004）「企業内学校・大学で戦略的に人材を育てる」『企業と人材』産労総合研究所

第4章

企業におけるキャリア形成

> **本章のねらい**

　キャリア形成が行われる場としてもっとも重要なのが、企業である。そして、ほとんどの人間は、この企業で働いている。そこで本章では、企業が従業員のキャリア形成を行う理由、企業におけるキャリア形成の過程、企業内の仕事間移動とキャリア形成政策の変化などを議論したい。

1．はじめに

　企業にとって、従業員は重要な**経営資源**であり、その育成・活用が企業の将来を左右する一方、従業員にとっては、社会生活の大部分を過ごしている企業内でのあり方（企業で得られる仕事、人間関係、能力、報酬など）が自己形成や自己実現に大きな影響を与えている。中・長期的な人材育成施策であるキャリア形成の必要性・有用性は、まさにここにある。

　企業でつくられるキャリアとは、個々の従業員が中長期にわたって行ってきた一連の仕事の経験のことである。そこでは、ある仕事を行い、つぎには別の仕事を行っていくという「**経験の連鎖**」、すなわちキャリアの組み方がどうなっているかが、問題になる。企業は、個々の従業員のキャリアを計画的に組むものと思われる。しかし、働く本人にとっては思わぬ仕事を経験させられることもありうる。

　従業員にとっては経験していく個々の仕事の内容も重要であるが、どんな仕事からどんな仕事へ移動していき、その結果どういった仕事経験が蓄積されていくのか、その過程でどんな能力が形成されるかが、企業におけるキャリア形成の中心的なテーマになる。

2．企業におけるキャリア形成の目的

人材育成

　まず第1に、人材育成すなわち職務遂行能力の向上があげられる。とりわけいろいろな職場に配置されるという**ジョブ・ローテーション**（配置転換）は、人材育成に（とくにOJT）のなかで重要な位置を占める。小池和男（1991）によれば、ジョブ・ローテーションによって仕事経験の幅を拡大し、「専門性と、そのなかでのはば広さ」を求めることが大切である。

　仕事を進める以上、専門性が必要であるが「そのなかのはば広さ」が求められるのはなぜか。理由として、多様性への対応、変化への対応、重層的効果があげられる。

　多様性への対応とは、仕事で取り扱うこと（商品、顧客、地域など）が多様なので、多様な経験を積むことが必要ということである。**変化への対応**とは、需要や技術、商品などの変化への対応能力は、それまでの多様な経験で身につけた多様な能力が基盤になるという。さらに、小池がとくに重視する**重層的効果**とは、関連の深い領域で経験を重ねると、相互作用が期待できることである。もちろん、相互作用はあくまで関連の深い領域でなければ望めない。

適性の発見

　第2に、適切な仕事に適切な従業員を配置できるという適性の発見がある。短期的にみて、企業の業績を向上させるとか、企業にプラスの影響を与える仕事に、ある従業員を配置することは重要である。あわせて、長期的にみて、将来の企業業績を向上させることができるような仕事に、その従業員を配置することも大切である。このような仕事への適性は、実際にいろいろな職場に配置することで、もっとも容易に発見されると考えられる。これは、新卒者を中心とした**若年者**によく当てはまるが、**中途採用者**にも同様のことがいえる。

　かりに他の企業で経験があるとしても、経験の幅や深さ、背景にある能力、さらにはその経験が、ただちに活用できるかは実際の仕事ぶりを見なければわからないことも多い。また、過去に得た知識や技術が陳腐化してしまっていることもありうる。したがって、その企業における仕事経験を通じて、改めて能力や適性を見きわめることには意味がある。

適性の発見は、企業のみならず、従業員にとっても意味がある。企業業績に寄与することにより、報酬面でプラスになるとか、さらにはその仕事をすることで**自己実現**がはかられる仕事への配置の可能性が高まるという意味で有効である。

非金銭的報酬の提供

　形成されたキャリアや、その過程で得られた技術、能力、さらには人脈などが従業員にとっての報酬となる。企業から従業員に与えられる報酬には、賃金に代表される金銭的報酬のほかに、「**非金銭的報酬**」がある。この非金銭的報酬には、企業内での地位や権限あるいは上司や周囲による賞賛、仕事そのもののやりがいなどがあるが、キャリア形成の過程で得られた技術、能力、人脈なども重要な報酬となる。仕事を通じて得られる技術、能力は、実際の経験に裏打ちされたものであって、仕事外で得られた能力に比べ実践性・応用性が高い。

　また、企業内の上司や周囲だけでなく、場合によっては企業外でも仕事経験がその従業員の評価に影響を及ぼすことがある。仕事を通じて、よい評価や能力を得るということは、従業員にとって大きな報酬となる。

　さらに、本人の望む仕事経験ができるということも、報酬となりうる。本人の希望する仕事に就き、希望するようなキャリアが形成されれば、仕事に対する動機づけになる可能性は高いであろう。すでに引用してきたように、キャリアに関する個人のもつ強い志向・価値観を「**キャリア・アンカー**」というが、従業員が自己のキャリア・アンカーを認識し、自分にふさわしいキャリア形成を望むようになると、企業もそれに合わせたものを行う必要が生じてくる。

相互の人的交流

　第4に、前述した企業内での人脈づくりにも関係するが、企業内で多くの部署を経験させ、より多くの従業員と接触させることにより、**従業員相互の人的交流**が深められる。仕事を進めるにあたり、まったく単独で行うというのはむずかしい。とりわけ、わが国の企業では、グループで仕事を進めることが多い。こういった場合、いろいろな部署への移動によって接したことのある従業員どおしであれば、相互にどのような能力を持ち、どのような考え方や行動パターンを持っているかを理解しあっているため、部署どおしの調整や協力も行いやすい。

　多くの部署を経験させるということは、多くの人の評価を受けることでもある。企業によっては、**ジョブ・ローテーション**によって一定のキャリアを形成してきている

かどうかが、その企業で一人前であるかの基準になっている。

また、わが国では、キャリア形成の過程で、多くの上司から評価を受けることになる。従業員が企業内で移動するとともに、上司も移動し、評価者が変わるのである。このことで、少ない評価者によって生じる**評価の誤り**が是正され、より適切な人が昇進することになる。

企業の人事政策の提示

第5に、キャリア形成を通じて企業の人事政策を内外（とりわけ企業内部）に示すことがあげられる。たとえば、ジョブ・ローテーションにおいて経験される仕事によって、その企業で求められる能力や**人材像**が明確になる。たとえば、経験させる仕事の幅が一定の職能の幅をこえて広いのであれば、その企業はいわゆるゼネラリスト育成を重視しているといえる。

コラム

キャリア・プラトーはだれにも、やってくる！

　キャリア・プラトー（career plateau）とは、キャリア上の頂上のことで、企業などの組織で働いている人間がこれ以上は昇進できないポジションに到達していることを意味する言葉です。たとえ仕事の遂行能力があり、実際にしっかり仕事をやっていても、組織はピラミッドの構造をなしており、上位の方に行くにしたがって、人数は少なくなるようになっていますので、必然的にプラトーに陥ることになります。この場合に、どのように考えたらいいのでしょうか。いまいる組織で、しっかり仕事を行い、組織を支えることもひとつの道でしょう。また、しっかり仕事ができる自信とプライドがあるならば、転職や起業のチャンスをもとめてもいいでしょう。

（齊藤毅憲）

3. キャリア形成の過程

やさしい仕事からむずかしい仕事へ

一般的にキャリア形成は、やさしい仕事からむずかしい仕事へ、**単純な仕事**から**複雑な仕事**への移動からなっている。これには、しだいにより広く深い知識、技術を要する仕事へ、あるいは**高度の判断**を要する仕事への移動や、関連の深い他の仕事への移動も含まれる。企業としては従業員が能力を向上させ、より生産性の高い仕事ができるようになることを望むであろう。しかし、最初から難しい仕事を担当させるのは、企業にとって失敗や損害発生のリスクがある。さらに、高度な仕事を担う能力を仕事の経験を経ずして身につけるのには、時間もコストもかかる。

したがって、やさしい仕事からむずかしい仕事へ、そして関連の深い仕事を中心に移動すると、高い知識・技能が身につき、人材育成・能力開発上もっとも効率的になる。とくに仕事のやり方が決まっていない**非定型的**な仕事に関わる技術や能力は、文字で表すことがむずかしい「**暗黙知**」であることが少なくない。こういった技術や能力は、OJTによってしか企業内で継承することは困難なのである（猪木, 1987）。

このようにして育成された従業員であれば、できる仕事の領域が広がり、急な繁忙や他の従業員の休暇などへの対応（応援など）が可能になる。また、**異常事態**の原因を察知でき、事故や損害の発生の未然防止や、発生した場合の事後の対策立案に役立つことができる。さらに、管理職になる場合に不可欠な仕事相互の関係や、ある仕事が企業全体に対してもつ意味を理解できるようになる。

わが国では一般的に、新卒で入社した企業に長期雇用されることが多かった。従業員が新卒で入社した場合、普通はまず人材育成に重点をおいたキャリア形成が行われる。多くの場合、仕事経験を重ねるにつれて、個々の従業員に専門とする分野がつくられる。

この点で、わが国における人材育成は**ゼネラリスト養成**が中心であった（Porter・竹内, 2000など）。別の言葉でいうと、ゼネラリスト優先のために専門性の高い人材の育成が遅れたことになる（武石, 2000）。

しかし実証研究によれば、わが国でも一定の専門分野をもちつつも、その分野と関連の深い分野の仕事を重ねるというキャリア形成が行われている（中村, 1992、佐藤, 2001）。そして、上位の管理職や役員でもほぼ同様の傾向が見られる（阿部, 1995、

石毛，2005A）が、このクラスでは幅の広いキャリアをもつ人も確実に存在している（橘木，1995、今田・平田，1995、三品，2004）。

昇進の対象者

　長期勤続の過程では、仕事経験を重ねるとともに昇進が行われる。わが国ではしばしば年功的な昇進があるとされてきた。しかし、実際には勤続年数を経れば、一律に昇進するというものではなく、**人事考課**の結果が蓄積して、しだいに差がつくようになる（竹内，1995）。そして、一定の時期（新卒入社後15〜20年）に決定的な選抜が行われ、**上位の管理職**に進むコースと**専門職**に進むコースに分かれる（小池，1991）。

　その後、管理職に進むコースのなかでは激しい競争が行われ、候補者のなかからごく少数だけが昇進し、その他の人は昇進が遅れるか、昇進できなくなる（花田，1987、小池，1991、竹内，1995）。このような過程を経て、企業内でのキャリアが形成されてきた。

　もっとも、このようなキャリア形成は、新卒の大卒男性で、**長期安定雇用**（いわゆる「終身雇用」）の主な対象となっていた大企業や中堅企業の**ホワイトカラー**に対して行われている。学歴・性別などによるキャリア形成上の区別は明らかに存在する。

　また、中途採用や非正規社員、中小企業の場合、企業が明示的にキャリア形成を行っていないことも少なくない。"新卒フリーター"や"新卒就職直後の退職によるフリーター"は、企業におけるキャリア形成の対象にならないため、長期的な能力開発において、きわめて不利な立場におかれてしまうのである。

4．キャリア形成と仕事間移動

仕事間移動の3つの方向

　キャリアは、仕事の経験の蓄積によってつくられる。そこで、仕事間の移動、すなわち仕事から仕事への移動がどのように行われるかが重要な意味を持っている。では、仕事間移動はどのように行われるのであろうか。

　これには、3つの方向の移動が考えられる。第1に、企業内の階層（たとえば、職能資格や等級、地位）に沿って**垂直方向**（タテ）へ移動することであり、その典型が昇進である。第2に、階層上の位置が変わらないままで、異なった仕事に**水平方向**（ヨコ）へ移動することである。一般に企業内での移動は、この2方向の移動と両者の組み合わせからなる。

さらに、これに加えて第3の方向がある。それは、**企業の中心方向への移動**である(Schein, 1978)。この移動は企業内での責任の増大などに伴い、組織の核に向かうという移動である。この中心方向への移動は、水平方向への一形態ともいえる。しかし、のちに述べるように両者は持つ意義が異っている。

昇進の意義

垂直方向への移動の主なものは、**昇進**である。これは企業内での地位の上昇である。一般の従業員(いわゆる「**ヒラ**」)から主任にチーフといった地位についたり、課長から部長というように地位があがることである。キャリア形成という意味では、同じ仕事であっても、その内容が変わり、たとえば権限・責任・範囲(部下の数など)が広くなるとか深くなるのである。

昇進には、3つの意義がある(有賀・他, 1996)。第1は、仕事に適した人間の配置である。第2はより優れた人間をより重要なポスト(地位、仕事)につけるための選抜である。第3は長期にわたる技術や能力開発の促進のための**インセンティブ**(刺激)である。

第1の意義は、企業組織がピラミッドをなしており、その中に個々の仕事が配置されているので、昇進によって仕事に適した人間が配置できるということである。第2の意義は、従業員の知識や能力に関する情報を収集したうえで選抜するということである。第3の意義は、昇進によって**金銭的報酬**の増加や社会的な評価の上昇などが期待できるから、昇進はインセンティブとなるが、さらに高い知識や能力のアップが求められるため、能力開発が図られる。

水平方向への移動

水平方向への移動とは、地位がかわらないままで担当する仕事が変わることである。正確にいえば、別の仕事をするポジションに移ることであり、**配置転換**ともいう。これには、仕事の幅の拡大や人的交流などといった意義がある。

なお、昇進のところで述べた「**仕事に適した人の配置**」は、水平方向への移動にもあてはまる。企業側にとっても従業員の業績向上や能力開発が可能な仕事への配置転換は必要である。また、従業員にとっても、金銭的報酬だけでなく、より適した仕事への配置が可能になるので、意味がある。

中心方向への移動の意義

この意義は、なによりも企業における実質的な地位の上昇になり、昇進と同様の効

果をもつことである。例として、組織内で特典を得ることや**組織の秘密**（方針や計画など）を入手できることである（Schein, 1978）。同一の地位であっても、経費支出を決定できる限度が上がるのは、この特典である。また、事業部門の責任者（業務部長）から企業全体の経営戦略立案の責任者（企画部長）に転じる事例は、組織の秘密の入手に関わっている。さらに、非正規社員から正規社員への転換や、企業の重要な意思決定に関わる委員会に所属すること、などもこれにあたる。

そして第2の意義は、実質的な地位の上昇でありながら、昇進を伴わないということである。この場合、**金銭的報酬**の変更がないため、コストは増えないことになる。

最後に第3のものは、これも最初の意義と重なるが、企業にとってより重要な部分にかかわるということで、その従業員に対する**信頼**が高まる。また、本人の責任感も強まるので、**成長**が促される（金井, 1999）。いまより重要とか、むずかしい仕事に挑戦させ、上位者のアドバイスや支援などを得ながら、その仕事を達成していくことに中心方向への移動はかかわってくる。

5．キャリア形成におけるコンセプトの変化

企業主体の計画的・体系的キャリア形成

企業主体の計画的・体系的キャリア形成が本格的に行われるようになったのは、**高度成長期**からである。1960年代から、大企業を中心に長期的なキャリア開発計画（CDP, Career Development Program）に対する関心が高まり、これを策定する動きが始まっている。

CDP は、個々の従業員のキャリアや能力開発について、企業の求める人材像と、当該従業員の適性や希望を踏まえて長期間にわたる計画を策定するものである。この計画においては、企業内外での研修・教育活動やジョブローテーションが組み合わされて、目標となるキャリアが形成され、人材育成が行われる（図表1）。

CDPのメリットとしては、ⓐ 業務の専門化・多様化に対応した人材の系統的な育成が可能なこと、ⓑ 個々の従業員の適性に合った多方面からの育成によって、自己実現の推進や意欲の向上が図られること、ⓒ 企業の事業分野の転換などによる職種転換にも耐えうる"**多能工的**"育成が徹底できること、ⓓ 埋もれた人材の発掘・再配置が可能なこと、が考えられた（工藤, 1982）。

しかし、この初期のCDPの普及は必ずしも順調ではなく、さまざまな困難に直面

図表1　トータルシステムとしてのCDP

```
経営計画                人事計画
組織計画      ←→       配置異動計画
要員計画                人事情報システム      能力評価計画
                       人材育成計画          人事考課
                          ↕                 昇格試験         CDP委員会
業務計画                教育計画              多面観察
上司評価・計画  ←→      職場教育              定期能力診断
                       社内教育
                       社外教育

能力評価と進路指導     能力開発計画         人事選考            人事異動
自己申告制度    ⇒     適性進路             能力診断            昇格
指導面接制度          予定職位             適性診断            昇進
目標管理制度          経由職位             貢献診断            異動
                     段階的育成           その他              転属

自己評価・計画        職務の把握
個人目標              職能資格等級
                     職務基準の設定
                     能力要件の設定
```

（出所）：吉川（1986）

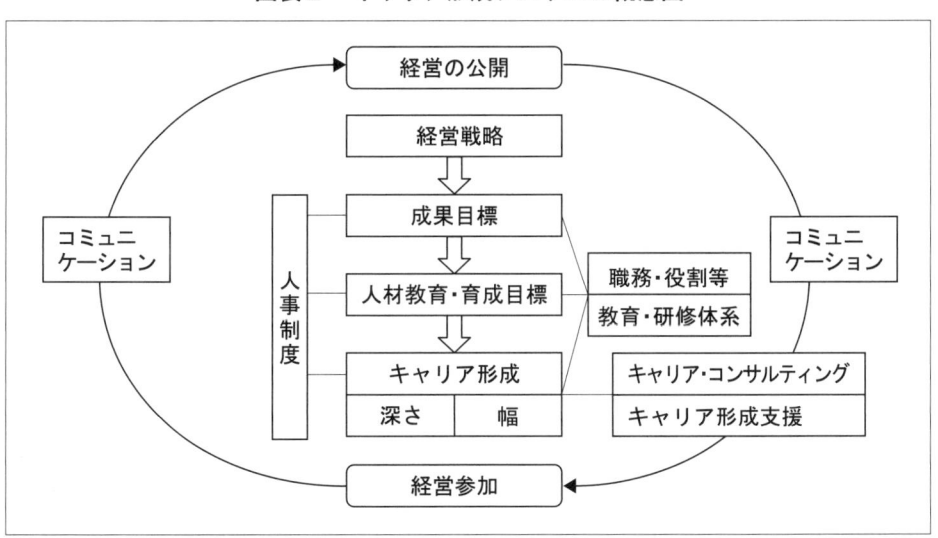

図表2　キャリア形成システムの概念図

```
              経営の公開
                 ↑
              経営戦略
                 ⇓
コミュニ       成果目標          職務・役割等      コミュニ
ケーション   人  人材教育・育成目標  教育・研修体系   ケーション
            事      ⇓
            制   キャリア形成     キャリア・コンサルティング
            度   深さ │ 幅       キャリア形成支援
                 
              経営参加
```

（出所）：東京商工会議所（2005）

第4章　企業におけるキャリア形成

し、挫折している。再び台頭してきたキャリア開発におけるコンセプトは、従業員の主体性・自律性でもある。したがって、CDPの根底にある企業のニーズと個々の従業員の志向を踏まえて体系的にキャリア形成を行うというコンセプト自体の意味は、今日でもなお薄れてはいないと思われる。

従業員の主体性・自律性を尊重したキャリア形成

　これからのキャリア形成は、従業員の主体性・自律性をいっそう高め、企業はキャリア形成・能力開発などに必要なツールや情報の提供に努めるとともに、個々の**従業員のニーズ**を可能なかぎり取り入れて進めていく必要がある。これについては第2章にもどって学習してほしい。

　具体的には、企業をとりまく環境や経営戦略、各部署・従業員に求められる中長期・短期の役割・目標といった情報、企業が提供できるツールなどを示すことである。そして、個々の従業員の期待するキャリア像を踏まえて、上司とのコミュニケーションのもと、従業員のキャリア・能力開発の計画を設計する。

　先進的な企業ではすでにこういった方向でのキャリア形成が進んでいる（図表2、東京商工会議所, 2005）。ここで重要なことは、キャリア形成の主役は、従業員であり、企業はかれらを支援することである。そして、企業自身ですべて行う必要はなく、キャリア・カウンセリングなどは、外部の専門家であってよい。

コラム

転職はいいことか、悪いことか

　かつての日本では、転職する人間は、あまりよくみられることはありませんでした。"長つづきしない"、"仕事にあきやすい"、"仕事に熱心でない、ふまじめな"人間とみられていました。また、年功序列の制度でしたから、経歴を積めず、転職するたびに、新入社員のようにとり扱われていました。

　しかし、現在では、転職は悪いことではなく、むしろよいこととともみられるようになりました。仕事の遂行能力が高いのに、あまり仕事を与えられなかったり、十分に処遇をうけない場合には、他に自分を生かすいいチャンスがあれば、それをもとめることはいいことだと思っています。

（齊藤毅憲）

6．おわりに

　これからの企業は多様なタイプの従業員が活用していく必要があり、キャリア形成も雇用のタイプに十分配慮しつつ進めていく必要がある。また、キャリア形成の責任やリスクは、雇用のタイプによる違いはあるにせよ、企業と個人で共有していかなければならない。このようにして、企業と個人が適度な緊張関係のもと、「**共生**」の関係を築いていくことが今後のあるべき姿である。

《ケース》

　A社におけるキャリア形成の実例を読み、次の問題について考えてみよう。
　A社は中堅金融機関であり、得意先係（店外で営業活動を行う従業員）をとりあげる。
　得意先係はすべて男性行員（正規）であり、事実上の性差分業が行われていた。得意先係の業務は、主に訪問活動による既存顧客への対応と新規顧客の開拓、およびこれに付随する事務処理（融資案件の書類作成も含む）である。営業店の業務ごとの人数は、得意先係2～3名、窓口係2名、その他2名（支店長・支店長代理）であった。
　入社前に1週間程度の研修の後、営業店に配属される。最初の半年程度は窓口などを経験させた後、得意先係となる。その後3～5年ごとに所属営業店が替わるが、短くて10年、長い行員では15年以上得意先係である。40歳頃を境に営業店の内勤（内部事務・融資担当）になる人間が多くなり（支店長代理への昇進がきっかけになる。最短30代半ば）、40代後半で、ほとんどが内勤となる。得意先係だけのキャリアで定年を迎える人間はほとんどいない。なお、配置転換（営業店を越えた移動）のときに能力を考慮したり、経験の幅を広げるという配慮は、支店長代理より下ではほとんどない。キャリア形成に関して上司や人事担当者との面談の機会は制度的にはない。
　得意先係に求められる能力や知識は、業務や商品の知識、金融経済や法務・財務の知識、企業分析能力、情報収集・分析能力、コミュニケーション能力、行動管理能力である。とくに重視されているのが企業分析能力であった。収益への影響が大きいためである。得意先係への教育は、大部分がOJTである。OJTのマニュアルなどはなく、現場の上司の一存とされている。

しかし、業務に難易があり、しかも融資が自社の収益に直結するという意識が高いことから、経験年数が長くなるにつれ、なるべく預金から融資、既存顧客管理から新規顧客開拓と経験の幅を広げさせようとする意識は、どの支店長にも共通していた。ただ、このような経験の幅の拡大が困難な場合が多かった。とくに融資の能力習得には苦労しており、実際の案件について、過去の書類や上司・先輩とのやりとりから学んでいくというのが実状であった。

　この過程で蓄積された能力・知識の把握は、制度的にはほとんど行われていない。しかし、個々の従業員の能力を他の多くの従業員が知っていた。能力の発揮された結果が見やすいからである。たとえば融資案件について、書類の内容や案件についての本部からの問い合わせを通じてわかる。しかし、能力を測った結果を明示的に蓄積する制度がない、発揮されにくい能力が把握しにくいといった問題があった。

　では、このような能力・知識がどのように処遇に反映されているか。賃金や昇進・昇格では支店長代理昇進（最短30代半ば）で差がつきはじめる。支店長昇進（最短40代半ば）で決定的な差になり、最終的に支店長に昇進できない従業員が多い。昇進基準は明確ではないが、「融資ができる」「部下が育てられる」人が昇進していると認識される。昇進・昇格の決定には前述のように把握された能力・知識が考慮され、支店長代理・支店長への昇進の際には、特に融資に関する能力・知識が重視される。この融資に関する能力・知識の重視は得意先係にも浸透しており、昇進が融資に関する能力・知識向上のインセンティブになっている可能性が強い。

（問題）
(1) Ａ社でのキャリア形成では、どのような仕事経験を通じて、どのような知識や能力が形成されているか。
(2) Ａ社でのキャリア形成は、従業員の主体性・自律性を尊重したものといえるか。それはなぜか。
(3) Ａ社でのキャリア形成を見直すとすれば、どうすればよいか。

<参考文献>

阿部健（1995）「事務系ホワイトカラーの企業内移動」『日本労働研究雑誌』第426号

有賀健・ブルネッロ＝ジョルジョ・真殿誠志・大日康史（1996）「企業ヒエラルキーと人的資本形成」伊藤秀史編『日本の企業システム』東京大学出版会

花田光世（1987）「人事制度における競争原理の実態」『組織科学』第21巻第2号

今田幸子・平田周一（1995）「ホワイトカラーの昇進構造」日本労働研究機構

猪木武徳（1987）「技能移転と経済組織」小池和男・猪木武徳編『人材形成の国際比較』東洋経済新報社

石毛昭範（1998）『新時代のキャリア開発』社会経済生産性本部生産性労働情報センター

石毛昭範（2005A）「企業内昇進課程におけるキャリアの幅に関する考察」日本経営教育学会機関誌編集委員会編『経営教育研究7－企業経営のフロンティア』学文社

石毛昭範（2005B）「企業内ジョブローテーションとキャリア形成」川端大二・関口朋代編『キャリア形成』中央経済社

金井壽宏（1999）『経営組織』日本経済新聞社

小池和男（1991）「はば広い専門性」小池和男編『大卒ホワイトカラーの人材開発』東洋経済新報社

小池和男（1999）『仕事の経済学（第2版）』東洋経済新報社

工藤秀幸（1982）「急進展する日本のCDP」人間能力開発センター編『いまなぜCDPか』青葉出版

三品和広（2004）『戦略不全の論理』東洋経済新報社

中村恵（1992）「ホワイトカラーの労務管理と職種概念」橘木俊詔編『査定・昇進・賃金決定』有斐閣

Porter, E. M., Takeuchi, H., & Sakakibara, M. (2000) "*Can Japan compete?*" Macmillan.（邦訳（2000）『日本の競争戦略』ダイヤモンド社）

佐藤厚（2001）『ホワイトカラーの世界』日本労働研究機構

Schein, E. H. (1978) *Career Dynamics*, Addison-Wesley.（二村敏子・三善勝代訳（1991）『キャリア・ダイナミクス』白桃書房）

Schein, E. H. (1990) *Career Anchors*, Jossey-Bass.（金井寿宏訳（2003）『キャリア・アンカー』白桃書房）

橘木俊詔（1995）「役員への途と役員の役割」橘木俊詔・連合生活開発総合研究所編『昇進の経済学』東洋経済新報社

武石恵美子（2000）「金融業における専門人材のキャリア管理」『ニッセイ基礎研究所所報特別号 グローバル時代の専門人材の育成に向けて』

竹内洋（1995）『日本のメリトクラシー』東京大学出版会

東京商工会議所編（2005）『中小企業における労働者のキャリア形成支援に関する調査検討事業報告書』東京商工会議所

吉川栄一（1982）『日本的人事労務管理』有斐閣

第 5 章

女性のキャリア開発

> **本章のねらい**
>
> これから活躍が期待される「女性」のキャリア開発をとりあげて考えてみよう。本章では、主に女性のキャリアを取り巻く環境の変化、女性のライフスタイルと働き方、企業における女性の活用、キャリア開発におけるメンターの重要性、などを明らかにする。

1. 女性のキャリアをとりまく環境の変化

女性のキャリアを考えよう

　女性が結婚したり、出産・育児をしながらも働き続けることは、ごく当たり前になっている。しかしながら、女性が男性と同じように働き、キャリアアップが図れるかというと、現実にはまだ疑問である。女性にとって、家事や育児の負担は重く、**仕事と家庭の両立**が依然として難しい。

　キャリア開発とは、仕事とか職業にかかわる知識やスキル、興味や価値観を発展させていく過程である。近年、日本において、女性のキャリアを取りまく環境がどのように変化し、女性自身が今後どのようにキャリアを捉え、キャリア開発をしていけばよいのであろうか。また、男性も仕事や家庭生活の**パートナー**として、女性のキャリアをともに考えていく必要がある。

法整備の働き

　女性のキャリアに関わるさまざまな法律が制定・施行され、女性が働きやすい環境は少しずつ整いつつある。そのきっかけとなったのは、国連が1975年を「**国際婦人年**」とし、同年メキシコシティで「国際婦人年世界会議」を開催したことである。こ

の会議では、女性への差別撤廃に向け、スローガンとして「平等・開発・平和」の3つの目標をかかげ、それを実現するための「世界行動計画」が採択された。

　国際婦人年以来、日本でもこの流れを受けて、まず1986年には、**男女雇用機会均等法**が施行されている。これにより事業主は男女労働者を差別せず平等に取り扱わなくてはならなくなった。施行から20年の間になんどか改正された均等法では、募集、採用、配置、昇進、教育訓練、一定の福利厚生、定年、退職、解雇において、事業主が労働者を性別により差別することを禁止している。

　近年の均等法の改正においては、男女の格差解消を目指して、積極的かつ自主的な取り組みを行う企業を国が支援するという**ポジティブ・アクション**（積極的な是正策）や、職場における**セクシャル・ハラスメント**（セクハラ）の防止措置義務などが盛り込まれている。これにより性別による差別を禁止するだけでなく、女性がより働きやすく、活躍できるような環境整備を行う積極的な内容になっている。

　労働基準法においては、母性保護の観点から女性の労働を規制していたが、均等法の改正を受けた1999年の改正法では妊産婦を除く一般女性の時間外労働、休日労働、深夜業の規制が全面的に撤廃され、女性が男性と同じように働けるようになった。

　また、1992年には**育児休業法**が施行されている。この法律により、男女問わず、1歳に満たない子を養育する勤労者は、子どもが1歳になるまで休業できることが定められた。この法律もなんどか改正がなされ、1995年に介護部分が付加され、育児・介護休業法となり、育児や介護をしながら仕事を継続できるようになっている。

　さらに、2005年には、**次世代育成支援対策推進法**が施行されている。子どもが「生まれ」、「育つ」環境づくりのため、事業主には行動計画を策定し、その旨を申請し、目標に向かい努力し、達成すると認定を受けることになる。

　このように、社会は女性をそれに必要な経営資源とか労働力として、もとめている。前述の法的整備にとどまらず、さらに年金制度や税法上で行われているパート労働を含む**専業主婦**の優遇が女性の社会進出を阻んでおり、廃止すべきという議論がでている。そして、男性が主に働き、生計を支え、女性が専業主婦になるという**ステレオタイプ**（固定観念）から、男女はともに仕事をしながら、子育てをし、家庭生活が営める社会をつくることを目指すものに変化している。

　このように、女性が子供を産み、育てながらも、働くことは社会からの要請でもあるが、現実には育児や介護は女性の仕事という意識が根強く、女性が仕事をするうえでの障害になっている。

働く女性の現状

　厚生労働省が2005年3月に発表した『平成16年版　働く女性の実情』によると、現在働いていない女性のなかに、なお多くが就業を希望しているという。とくに日本女性の23％が居住する都市部で就業を希望しながら、働けないケースが多い。そして女性の側からすると、子育て期の就業は依然として厳しい状況にある。

　また、正社員で働く女性が減少するなかで、子どものある女性正社員数やその割合は減少している。全体としては、正社員ではなく、パートタイマーなどの**非正規の社員**（以下、非正社員）として働く女性が増加し、労働条件面での不満が大きくなっている。

　同じように2005年6月、経済産業省発表の「男女共同参画に関する調査」においても、正社員の女性については、処遇が向上し、管理職比率もアップしている一方、処遇の低い非正社員が増加し、女性のなかでの二極分化が進んでいるという。実際に、正社員の場合、女性の活用は進んでいるが、仕事の責任が重く、家庭と仕事の両立に悩む女性が多くなっている。一方、パート、派遣、契約社員といった非正社員の場合、「**低処遇・不安定雇用**」が多く、処遇に対する不満が大きく、正社員になりたい人の割合は多い。

　それでは、このような現状を踏まえたうえで、女性がどのように今後キャリアを築いていけばよいのかを考えてみよう。

2．女性のライフスタイルと働き方

女性の人生とキャリア

　近年、女性の生き方は多様になっている。結婚し、家庭に入って専業主婦となり、子どもを産んで育てるといった生き方から、独身を通す、子を持たずに夫婦のみで過ごす、離婚し**シングルマザー**として生きるなど、さまざまである。女性が一生を通して完全に専業主婦となるのは、経済的な理由で働く必要がない場合や育児・介護といった理由で働けない場合であり、長い人生を考えると、あまり現実的ではなくなってきている。

　「平成16年人口動態統計月報年計（概数）の概況」によると、平均初婚年齢は、夫29.6歳、妻27.8歳となっている。また、2005年の**合計特殊出生率**（女性が一生の内に

子どもを産む数）は、過去最低の1.25人と......速に**少子化**が進展している。一般的に女性の結婚年齢は......なって出産年齢は20代後半から30代前半が多い。

女性のこの時......周囲から認められる頃にあたる。そして、同......せる。子どもが欲しくても経済的理由や仕事の関......どもを持たないという選択を行うケースもある。

逆に、子どもを......女性に大きな育児の負担がかかる。とくに30代と......プの時期に育児期と重なる。そこで**ライフプラン**......しまうことになる。能力があって、仕事のできる......を辞めたり、転職したりするケースが多い。

女性がキャリアを築......したり、転職したり、こ......れまでとちがう働き方を......ない。キャリアはひとりひとり違うものである......キャリアを築いていけるかが重要である。

どのような生き方をする......は、個人本人が決めなければならない。また、こ......とマッチングする仕事があるのか、家族のなか......問題もある。

「自立」をめ......ット

男性は働いてお金を得てく......ました。しかし、家事はあまりできず、......らっています。そして、この生活的な自立......

他方、女性については、逆の......の技術はもっているが、お金を得るという......とも、現在では経済的自立ができる女性......（藤毅憲）

第5章　女性のキャリア開発　61

キャリアプランのヒント

　個々の女性のライフスタイルからキャリアプランをどのように立てていくかを考えてみよう。将来のことは予測できなかったり、また現在とは価値観が大きく変わったりすることがあるだろう。しかし、今後10年ぐらいの自分をイメージしてみると、進むべき方向性がぼんやりながらも見えてくるはずである。まずは、つぎのようなことをイメージしてみよう。

〈結婚について〉
結婚するのか、しないのか。結婚するなら、いつ頃結婚したいのか。
配偶者に望むことはなにか。どのような家庭を築きたいのか。

〈子どもについて〉
子どもは持つのか。持たないのか。
子どもを持つなら、いつ頃出産したいのか。何人持ちたいのか。

〈自分のキャリアについて〉
どんな働き方をしたいのか。（働く日数や時間、正社員・非正社員などの働く形態）
どれくらい収入を得たいのか。仕事に求めることはなにか。（やりがい、収入、社会との接点など）

　さて、自分の人生やキャリアについて漠然としながらもイメージはできたであろうか。ある程度イメージが持てたならば、就業の継続をむずかしくしている理由のトップである「育児」を頭に入れながら、出産・子育て期を経て、どのように女性がキャリアを築いていくかを考えてみよう。

　高齢者雇用安定法の改正により、2006年4月より段階的に、**65歳までの継続雇用**が企業に義務づけられるようになった。20代前半から働き始めたとして、65歳までは40年以上もあり、キャリアは伸びている。この長いキャリア人生を考えると、子どもに手がかかる育児期はそれほど長いものではない。

　しかし、**キャリアの初期段階**は、その後のキャリアの方向性を大きく左右することが多い。とくに30代頃に集中する子育て期とキャリアをどのように関係づけて過ごす

かは、女性にとって大きな課題である。そこで、女性が子育て期を含めてどのような働き方をするのか、以下のいくつかのコースをもとに考えてみよう。

① **正社員コース**

　正社員として仕事をしながら、子どもを産み育てることは、肉体的・精神的に大変なことも多い。しかしながら、法整備などから以前よりも同じ企業内でキャリアを継続できる環境が整ってきている。制度があっても運用がなされていないなどの問題があるが、大企業や女性が多い企業、行政組織などでは、キャリアの継続がかなりしやすくなっている。

　同じ企業で正社員としてキャリアを継続すると、労働基準法で定められた産前・産後休暇を始め、育児・介護休業法による育児休暇の取得が可能になった。そのうえ、企業によっては、復帰後に短時間勤務や企業内託児所などの利用が可能になっている。また、**雇用保険加入者**には、育児休業中、賃金の一部が支払われたり、厚生年金や健康保険などの社会保険料が免除されたりする。

　雇用の安定や収入面からも有利であり、これまで培（つちか）った企業内で通用する知識やスキルを無駄にすることがない。休業中の仕事のブランクを埋める努力は必要である。しかし、正社員としてキャリアを継続できることは基本的に定年までの雇用が前提で、仕事に復帰できる安心感があり、もっとも有利な働き方である。

　しかしながら、現実には正社員として働き続けられる女性ばかりではない。さまざまな理由から、正社員の身分から離れ、結婚や出産・育児などの理由でキャリアを中断する女性も多い。

　厚生労働省の『平成16年版　働く女性の実情』によると日本の場合、他国に比べて**高学歴女性の就業率**がとくに低いという。実際には、高卒・短大卒に比べ、大卒では正社員での就業を希望する者が多い。しかし、いったん職場を離れると、働こうとしても働き口のほとんどがパート労働などの単純労働であり、再就職の道を阻んでいる。

　そして同調査によると、**離職期間**が長いと、正社員としての再就職の割合が低くなっており、再就職している者の5割は離職期間が3年以内であるという。このように育児が一段落した頃、再度正社員として再就職しようとしてもむずかしく、正社員として再就職するのであれば、3年以内のブランクをめどに自己の強みをアピールすることが望ましい。

② 正社員から非正社員コース

　学校卒業後、正社員として働き、結婚・出産・育児などの理由で退職し、子育てが一段落した後、パートや派遣社員などの非正社員として働くというのが、もっとも多いケースである。働いている女性の約半数は、非正社員といわれている。基本的に定年までの雇用が前提である正社員に比べて、雇用は不安定であり、処遇も低い。

　厚生労働省「賃金構造基本統計調査」によると、平成16年の女性正社員の一時間当たり所定内給与を100とすると、女性パートタイマーは、65.7％にしかすぎず、年々その格差は拡大している。処遇についても不満があるものの、"都合の良い時間や日に働きたい" "勤務時間・日数が短いことから育児や家事との両立が可能"などの理由でパートタイムを選択する者も多い。

　非正社員の場合も、これまでの**職務経験**が評価されるので、以前に勤めていた企業や業界に再就職する者も多い。そこで、以前勤めていた女性を再雇用する企業もある。個人にとっては、古巣であるため働きやすく、企業にとっては必要な能力を身につけていることが多く、教育訓練の一部を行わなくてよいというメリットもある。

　近年、スーパーマーケットなど女性のパートが多い職場では、女性であっても店長など幹部まで登用させはじめている。また、非正社員から正社員への登用の道を開いたり、正社員と非正社員を基本的に等しく処遇する企業もある。このように、非正社員の柔軟な働き方を選びつつ、これまでの職務経験を活かしたり、または新たにキャリアを積みながら基幹業務や正社員へのステップアップを目指すという働き方をすることもできる。

③ 非正社員コース

　法律上、正社員と非正社員の定義はない。正社員とは**雇用期間**に定めのない者、非正社員は、一般的に雇用期間に定めがあったり、正社員より一日の所定労働時間が短いか、一週の所定労働日数が少ない者を指している。ただし、なかには正社員と同じくらいの時間や日数を働き、パートタイマーの名称で呼ばれている「**フルタイムパート**」（擬似パート）も存在している。近年では、非正社員のなかでも派遣や契約社員も増えている。

　若年層は学校を卒業すると正社員として新卒で入社することが多かったが、近年の顕著な傾向として、みずからは意図する、しないにかかわらず、はじめからパー

トタイマーや契約社員、派遣社員などの非正社員として働く割合が高まっている。

2005年6月の経済産業省「男女共同参画に関する調査」によると、正社員を増やす場合は男性が増え、減らす場合は女性が減る傾向があるという。女性の場合、半数近くが非正社員であり、とくに若い女性ほどパートタイマーが増えている。育児・介護休業法の改正で、非正規社員にも拡大されたが、実際には**派遣社員**が派遣先に妊娠を告げると解雇されるなど、雇用の安定や処遇の面で、不利になることも多い。

柔軟な働き方を望むがゆえ、非正社員という道を選ぶのであれば、SE（システム・エンジニア）や通訳など、自分なりの高い専門性を持ち、つねにスキルアップし、市場価値を高めるようなキャリア開発を行うことが望まれる。

④ 起業またはフリーランス、後継者コース

近年起業したり、フリーで働く女性も少しずつではあるが増えてきた。女性起業家の特徴としては、事業を大きくしようという野心はあまりない、などがある。そして、**起業の理由**としては、収入を得ることよりも、「年齢に関係なく働きたい」、「好きな分野・興味のある分野で働きたい」、「自分の裁量で仕事をしたい」、「自分の技術・資格や知識を活かしたい」など、生きがいや自己実現のものが多い。さらに、事業の分野としては、専門サービス業、理美容や旅行業などの個人サービス業、小売業などがあげられる。

また、起業までいかなくても、個人事業主として、自宅でピアノ教室や料理教室を開いたり、ライターやイラストレーターとして個人で仕事を請け負ったりして**フリーランス**で働くというルートもある。自宅でできる仕事は育児中の女性などにとっては働きやすいだけでなく、自分のスキルを活かせるので、**自己実現**にもつながる。しかし、起業にしても、フリーランスで働くにしても、高い専門的なスキルと仕事を獲得できる営業力が必要となる。また、リーダーシップ能力や財務の知識なども必要である。

さらに、父母の行っている事業の**後継者**となったり、結婚により義父母や夫の事業を手伝うというかたちでキャリアが形成される。この場合も、その事業に必要な知識やスキル、経営能力などを身につける必要がある。

人生の中でのキャリアの捉え方

それでは、自分が納得し、満足するキャリアを築くために、必要となる知識やスキ

ルをはじめ、職務経験、資格、語学力などといった自分の強みをどのように深めていけばよいのであろうか。ひとつの企業で働き続けるにしても、または**転職**や**再就職**をするにも、いま述べたものは、評価のポイントとなる。とくに職務経験は評価されやすく、即戦力になることを期待される。

　そこで、キャリア開発を行う際、自分の進みたい方向性を意識することが大切になる。もちろんキャリアにおいては、さまざまな仕事での経験や人との出会いから思いがけない方向に進むことも多い。キャリアをデザインしても、それはどこまで暫定的なものであり、キャリアにはデザインしきれないところがある。しかし、一方でキャリアは自己責任であるといわれる現在、自分のキャリアの大きな方向性を持つことは大切である。

　そのために、これだけは譲れないこだわりはなにかを意識することが必要である。**シャイン**は、すでに述べたように個人のキャリアにおけるこのような、こだわりのことを「**キャリア・アンカー**」と呼んでいる。

　自分は仕事をしていくうえでいったいなににもっともこだわっているのか。専門的な能力を活かすことであろうか。自分の裁量で仕事ができることであろうか。仕事に社会的な使命を感じることができるであろうか。このようなキャリア・アンカーを知ることが、自分が納得し、満足するキャリアの方向性につながるはずである。これについては、第7章の「適職探し」でもう一度考えてみよう。

コラム

家事（家庭のマネジメント）の重要性！

　核家族化、家事の省力化、家事代行サービス業の発展などによって、女性が外で働くことがごく普通のことになっている。そして、女性が活躍している企業は業績もいいといわれている。女性が仕事をもち、生き生き働けることは、いい社会であるといえる。しかし、経済的には無報酬であるが、家事も創造的な仕事であり、女性だけでなく、男性もしっかり行うことが大切だと思っています。

（齊藤毅憲）

3．企業における女性の活用

日産自動車の女性活用

　日産では、性別や国籍、年齢などの人的資源の違いである**ダイバーシティ（多様性）**を企業価値を生む企業の強みとしていきたいとしている。日産は、海外の日産支社や子会社に比べ、女性の活用が進んでいないために、ダイバーシティのなかでも女性の活用に力を注いでいる。

　その背景には、①車両購入時に女性の関与が高いという顧客ニーズに応えること、②企業としての多様な労働力を確保すること、③すべてのステイクホールダー（利害関係者）のニーズに応えること、がある。それは同社の社会的責任遂行でもある。なお、同社では、一般職と総合職といった**コース別雇用管理**はとっていない。

　日産全体の女性比率は、5.5％（2005年3月現在）。そして、女性社員約1,800人の内訳は事務系の経理、総務、人事、マーケティング、広報などが多く、技術系は少ない。管理職の女性比率は、2.3％で、**ポジティブ・アクション**として2007年末までに女性管理職比率を5％にまで増やすと公表している。

　2004年、女性活用推進のため、ダイバーシティ・ディベロプメント・オフィスを発足させ、女性のキャリア開発支援を行っている。たとえば、女性の意識啓発として**キャリアアドバイザー**による面談、キャリア開発プログラムとしてウェブサイトによるロール・モデルの提示や階層別教育を実施している。

　育児に関しても**ワーク・ライフバランス**の推進を進めており、すでに数百名の産休・育児休暇の実績がある。休暇中の人員の補完は、派遣社員で対応している。

　正社員の**キャリアパス**をみると、入社後配属先で専門性を育成し、管理職候補となるのが、30代くらいである。ポジティブ・アクションを推進しているが、それに女性の意識がついていないところがみられる。そこで、女性社員約1,800名の中から100名ほど選抜し、管理職候補とし、キャリアアドバイザーによる直接面談を行っている。ダイバーシティ・ディベロプメント・オフィスでは、女性がキャリアを継続し、管理職などにキャリアアップをしていくための、女性の意識変革と環境づくりを課題としている。

企業の女性活用の捉え方

　女性を活用している具体例として、厚生労働省が毎年発表している**均等推進企業**、**ファミリー・フレンドリー企業**などがある。「均等推進企業」とは女性労働者の能力発揮を推進するために積極的な取り組みを行っている企業である。他方、「ファミリー・フレンドリー企業」とは仕事と育児・介護とが両立できるような制度を持ち、多様でかつ柔軟な働き方を労働者が選択できるような取り組みを行っている企業のことである。これらの企業の取り組みは、女性が企業を選択するうえでのひとつの目安となる。

　だが、女性自身が女性を活用している企業を選択するだけではなく、女性活用の制度を女性自身がどう捉えていくかが問題である。**日産**の事例でみたように、ポジティブ・アクションを企業が推進していながら、それに女性の意識がついていっていないということもみられている。

　出産・育児休暇中のブランク期間も踏まえて、人生の中でキャリアをどのように積んでいくのか。とくに同じ企業内で仕事を継続していく場合、その組織から望まれる仕事はなにか、そのために必要な知識やスキルをどのように開発をしていくかを考え、行動しなければならない。

　さらに、**キャリアの長期ビジョン**についてみると、管理職としてキャリアを深化させるのか、それともスペシャリストとして専門性を深化させていくのか、を選択することになる。どちらにしても、環境の変化により、つねに変化していく組織での自分の役割を視野に入れ、キャリアづくりを考えていかなければならない。

４．女性のキャリア開発に関する課題

メンターの重要性

　それでは、女性がどのようにキャリアを積んでいくかを考え、行動するときに、なにが刺激になったり、支えや助けになるのであろうか。男性に比べて、キャリアを継続し、さらにキャリアアップを図ることがまだむずかしい状況のなかで、女性にとってとくに**メンター（mentor）** の存在が重要である。

　メンターとは、キャリア開発上の指導者・支援者であり、個人にとって、仕事を教えてくれたり、相談にのってくれたり、目標になったりする存在のことである。この

メンターの果たす機能である**メンタリング（mentoring）**は、昇進や給与、業績、職務意欲、職務満足、対人関係のスキル、個人的成長、組織への帰属意識などに好ましい影響を与えるのである。

実際には男性中心のビジネス社会において、女性が男性のメンターを持つことが多い。しかし、女性にとって、男性のメンターは、仕事を教えてもらう指導者であったり、仕事上の悩みを相談できる相談者であっても、出産や育児も含めたキャリア上の目標やモデルにはなりにくい。また、女性にとって男性のメンターは、異性であるがゆえに、その関係がむずかしいこともある。女性にとって同性のメンターは、よりキャリアデザインを共有できるわけである。

メンターに幸運にも自然に出あう場合もあるが、意識して自発的・積極的にメンターをみつけることが大切である。社内だけでなく、社外も含めて、意識して**ネットワーク**をつくり、キャリアデザインを共有できるようなメンターをキャリアの早い段階でみつけることが、その後のキャリアに良い影響を与えるはずである。

近年、企業において新人や女性に対してメンターを意図的につけて育成する教育プログラムが取り入れられている。**日本IBM**は、1998年に女性社員の能力活用に関して、**メンタリング・プログラム**を導入している。このプログラムは、幹部候補の女性社員に上級管理職をメンターとして指名している。具体的に、女性管理職登用において、まず女性の意識改革を大きな課題としてあげ、このプログラムにより、とくに女性にとって弱いリーダーシップ能力などの育成をはかろうとしている。

内容としては、①次世代の育成指導、②重要な知識やスキルを次世代に確実に伝承する、③男性と比較して、見習うべきモデルの少ない女性社員に対して、上司とは別に、個人的かつ長期的なキャリア指導を行う、④上司と部下の関係では、日常業務の指示とそれに対する結果が大切であるが、メンターとはそのような関係はない、があげられる。

このように、企業内でのメンターの重要性は認識され、女性の育成などに取り入れられつつある。しかしながら、メンターは社内だけにいるのかというと、決してそうではない。社外に存在する「**人生の師**」といった存在をはじめ、配偶者としての夫や父母なども、広く捉えるとメンターである。女性がキャリアを積んでいくうえで、周囲の環境は大きい。とくに家族の理解や協力は欠かせない。要するに、女性がキャリアをつづけ、ステップアップしていくうえで、社内外においてメンターを得ることが大切となる。

女性のキャリア開発のために

　ここまでみてきたように、女性が仕事をしやすい法律の整備が整い、同時に企業内で女性の活用は進んできた。女性にとってキャリアの継続、専門性の深化や管理職として昇進できる**キャリアパス**などが可能になっている。それにともない、女性自身、またパートナーとしての男性のキャリアに対する意識変革が重要な課題になっている。

　人生における仕事の位置づけは、個々人によって違うし、個々の仕事をするうえでの環境も違う。女性が仕事をしていくときには、家族の理解と協力は欠かせない。キャリアを長い人生のステージで捉え、自分自身のキャリア・アンカーやライフスタイルに応じた柔軟なキャリア開発をしていくことが望まれる。

　この章では、女性のキャリア開発を取りあげたが、キャリアは男女ともに大切な問題である。男性も女性も、子どもを育てながら、安心して働ける社会であれば、それぞれが豊かで充実したキャリア人生が歩めるであろう。

＜参考文献＞

合谷美江（1998）『女性のキャリア開発とメンタリング』文眞堂

合谷美江（2004）『女子大生のための仕事選びとビジネスマナー』中央経済社

合谷美江（2004）「企業におけるメンタリング促進教育の必要性──女性リーダー研修へのメンタリング教育導入事例から──」『国際経営論集』第28号、神奈川大学経営学部

Schein, E.H. (1978) *Career Dynamics: Matching Individual and Organizational Needs*.（二村敏子、三善勝代訳（1991）『キャリア・ダイナミクス』白桃書房）

Schein, E.H. (1990) *Career Anchors: Discovering Your Real Values*.（金井壽宏訳（2003）『キャリア・アンカー』白桃書房）

「ダイバーシティ活動について」（2006）日産自動車株式会社

「日本IBM　メンタリング・プログラム」『企業と人材』、2000年5月5日号

第6章

キャリア開発と倫理

> **本章のねらい**
>
> かつて「会社人間」の時代があった。そして、現在もこのような人間がいるかもしれない。しかし、企業に依存しすぎることなく、自立的にキャリアをつくって生きることが大切になっている。これからの職業生活をどのように働いていくのか、そして働くことと倫理との関係について考えてみよう。

1. キャリア開発における倫理の重要性

「キャリア」という言葉は、日常の会話のなかでも自然に使われている。これがよく使われるようになったのは、**バブル経済**が崩壊した後の平成不況とか、"失われた10年"に入ってからである。

昭和の時代に企業への高い忠誠心をつくり、いわゆる「**会社人間**」が生みだしつつ、高度経済成長を支えてきた日本的雇用慣行は、「**終身雇用制**」や「**年功序列制**」であった。しかし、それらは、バブル経済の崩壊とともに変更されてきた。終身雇用という一社雇用から、転職が違和感なく浸透し始めている。そして、終身雇用制を支えていた年功主義人事制度は業績・成果主義人事制度へと転換している。企業だけでなく、働く人びとも、キャリア観を変えている。

キャリアと**倫理**とは密接な関係にある。現在仕事をしているビジネスマンや就職活動を前提とする学生にとって、キャリア開発は、生涯を通して修得していくものであるが、その際に重要な基準となるのが倫理である。

企業の不祥事（スキャンダル）が起きるたびに、**コンプライアンス（法令遵守）**の重要性が問われるが、不祥事は企業を構成する働く人びとによって引き起こされていることを忘れてはならない。法律を守ることは当然のことであり、なぜ、コンプライ

アンスが守れないのか。ここで問題となるのは、倫理観の欠如にほかならない。つまり、コンプライアンスの中核は、まさに倫理の問題なのである。

2．キャリアの意味

「キャリア」の語源

　「キャリア」は中世ラテン語の「**車道**」を起源としている。英語では競馬場や競技場におけるコースやそのトラック（行路、足跡）を意味するものであった。そこから、人がたどる行路やその足跡、経歴、遍歴なども意味するようになり、このほか、特別な訓練を要する職業や生涯の仕事、職業上の出世や成功をも表すようになった。

　このように、経歴、遍歴、生涯と結びつけて「キャリア」という言葉が使われることが多くなっている。人の一生における経歴一般のことを「**人生キャリア**」（**life career**）といい、他方、職業の面からみた生涯・経歴・履歴のことを「**職業キャリア**」（professional / occupational / vocational career）と呼んで区別することもあり、多様な解釈がある。

キャリアの主な定義

　代表的な学者によるキャリアの定義は、他章を参考にしていただき、ここでは文部科学省、厚生労働省や筆者のものを取り上げる。

① **文部科学省の定義**

　平成16年1月28日に示された「キャリア教育の推進に関する総合的調査研究協力者会議報告書～児童生徒一人一人の勤労観、職業観を育てるために～」のなかでは「キャリアとは、個々人が生涯にわたって遂行する様々な立場や役割の連鎖及びその過程における自己と働くこととの関係付けや価値付けの累積である。」としている。

② **厚生労働省の定義**

　キャリアとは、一般的に経歴、経験、発展さらには関連した職務の連鎖などとされ、時間的持続性や継続性を持った概念として捉えている。職業能力との関連で考えると、**職業能力**はキャリアを積んだ結果として蓄積されたものであるのに対して、キャリアは職業経験を通して、職業能力を蓄積するプロセスをさしている。

　キャリア形成とは、このようなキャリアの概念を前提として、個人が職業能力を

作り上げていくことである。

また、こうしたキャリア形成のプロセスを個人の側からみると、動機、価値観、能力をみずから問いながら、職業を通して**自己実現**を図っていくプロセスと考えられる。

③ 筆者の定義

キャリアとは、個人が生きていく中で獲得したさまざまな経験、知識、能力などの蓄積であるが、とくに職業を通して身についたものは、「キャリアの実績」といい、人的な**無形資産**である。また、このキャリアの実績は、資産表として、常時他人から評価を得られるようにしておく必要がある。そして、キャリアとは、将来のキャリア上の目標を実現するためのステップとなる現在の能力や実績でもある。

コラム

公務員の倫理

公務員は"public servant"といわれているように、国民、市民などの全体の奉仕者です。したがって、ある特定の人びとのためではなく、全体を考えて公正・公平に行動しなければなりません。公務員の仕事は、きわめて大切であり、教員や警察官のように、清く、正しく遂行しなければなりません。不祥事（スキャンダル）だけでなく、日々の仕事につき疑いや不安をもたれないようにする必要があります。もっともルールを守るだけでなく、公務員の世界でも能率的に仕事をしたり、新しい企画を考えだす仕事も大切になっています。　　　（齊藤毅憲）

3.「働く」ことと職業倫理

「キャリアを積む」

人間がキャリアを積むということは、仕事に就いて働くという行為と、働いて得た結果の連続体として認識できる。

「**働く**」と「**動く**」は、似ているが、意味は異なる。この「働」は、もとは漢字の「動」から作られた国字であり、両語は区別している。物は動き、人間も動く。人間は働くが、物は働かない。自主的な働くのは人間だけである。動き続けてもキャリア

にはならないが、働き続ければキャリアになりうる。その違いはなんだろうか。

　人間は、働くことによって生計を立て、社会生活を営む。しかしながら、現代の日本のように豊かな社会では、社会や家族のサポートによって、働かなくても生活することができる。このような環境の中で生活ができるようになると、人間は"働き方"にこだわりや意味を求めるようになる。

　最近、急増している「**ニート**」（Neet, Not in Employment, Education or Training）は、まさに先進国の代表的な現象である。ニートと呼ばれている人びとは、「自分に適した仕事がわからない」、「なぜ働かなくてはならないのか」、「やりがいのある仕事がみつからない」などの悩みを抱えている。要するにニートとは、現代の病理を敏感に表現している。まさに、ここにキャリア開発の必要性がある。

職業倫理の意味

　職業は、収入を得るとともに、人間として生きていくうえで求められる尊厳を得るものでなければならない。

　尾高邦雄によると、職業倫理は、**職業特有の倫理**と**職業一般の倫理**に大別される。前者は、多種多様な職業には、それぞれに求められる規範や物差しといったものがあり、その職業に従事する者はその規範や基準に従って働くことになる。

　たとえば、江戸時代には士農工商という身分制度があった。しかし、それは、身分だけでなく、職業としての区分でもあり、それぞれに行動指針や社会規範があった。士には武士道、農は農民精神、工が職人気質、商には商人道徳であったという。

　また、中世ヨーロッパの**ギルド**も、同様である。中世の手工業には、パン職人、馬具職人、鍛冶職人などの各手工業者が、都市ごとに単一のギルドを形成していたことはよく知られている。そして、それぞれのギルドには、固有の行動基準や規範、ルールなどが確立していた。

　これに対して、職業一般の倫理とは、医者、弁護士、技術者、公認会計士などといった**プロフェッション**（専門的職業）が守るべき行動基準や規範ではなく、個々の職業による区分を越えた倫理である。それは、職業活動において守ることが社会的に期待されている心構えであり、職業生活上の精神や気質、気風などであり、人間として根源的な生活態度に関係している。

キャリアと倫理の関係

　倫理観のない人間は、社会生活のなかで円滑に生きていくことができるのであろうか。そして、生きるに値するのであろうか。無人島での生活であれば、自由勝手でふるまうことができ、倫理観を問う必要はないかもしれない。しかしながら、**人間共生の社会**では、それはできない。倫理とは、人間が共生する社会で生きていくための守るべきすじみちであり、人間らしさそのものである。この倫理なしに、人間は尊厳をもって生きていくことはできない。

　人間は働くことに生きがいを感じる。たとえば、生活に困らない収入があっても、働き続ける人がいる。働くという行為自体に、人間の心を満足させるなにかが存在している。

　ひとつは、他人からの評価である。日常的に自宅周辺の道路のミゾを自主的に掃除するという無償の労働は、近隣住民から感謝される。"きれいな道を歩くことができる"という賞賛の言葉は、当事者の心を大いに満足させるものである。

　もうひとつは、**自己充足**である。だれもしないので、自分が率先して掃除するという行為は、他者の評価を得るためだけではなく、道をきれいにしたいという内的欲求から生じる行動である。この**無償の報酬**による労働は、道はきれいに掃除していなければならないという倫理観が自分自身の行動基準となっているからである。これが**倫理性の特徴**である。

　このように、働くことと倫理との間には、密接な関係がある。また、働くことによってキャリアは形成されるので、キャリア形成の内的基準として、倫理は重要な要素になる。

コラム

ギャップの大きい大学と社会のカルチャー

　大学のカルチャーと社会のカルチャーは大分ちがいます。大学では、ⓐあいさつをしなくても許される、ⓑ遅刻しても、あまりとがめられない、ⓒ答案やレポートなどの書類をつくっても、チェック（点検）しない、などのカルチャーが支配しています。これは教師と学生の双方でつくりあげたものです。しかし、社会では、これらのカルチャーは決して許されません。社会において、これを行うと、信用や信頼を失いますので、是非ともご注意を！

（齊藤毅憲）

4．キャリア開発と倫理

個人の生き方の変化

　日本は、第2次世界大戦後、急激な高度経済成長により、個人の所得は向上した。また、民主主義や個人主義の思想が普及したことにより、個人は自分の生き方を自分自身で探さねばならなくなった。それは、自由という重要なキーワードを得たことによるが、そのひとつの憧れともいえる具体的なモデルとして、アメリカが登場した。それは教育から娯楽に至るまで、日本国民の生活に対して大きな影響を及ぼし、ひとつの目標となった。

　男性は働く場として学校を卒業したら都会の企業に就職し、結婚後は夫が外で働き収入を得て、妻は家事に従事する。夫は、定年まで、その会社で勤め上げ、妻は**内助の功**として支えるといったことが、典型的な日本人の家族の姿であった。そして、現在の税制は、まさにこの内助の功を前提としている。

　しかしながら、今日のように物質的に満たされた生活水準が得られるようになると、個人としての幸福な生き方をひとり一人が考える余裕が生じてきた。また、これまでの男女間の役割分業のスタイルに、個人ひとり一人の生き方を重視する動きがマッチングしなくなってきている。

　そして、**少子高齢化の社会**に突入してから、夫婦別姓や定年離婚、熟年離婚など、かつて予想しなかった現象が表れている。昭和の時代には、個人の生き方が夫婦や家族単位で考えられていたが、しだいに**個人単位**へと移りつつある。働くということについても、そのような個人志向の生き方に変化している。

キャッチアップ型からデザイン型へ

　わが国は、少子高齢化だけでなく、豊かな社会にも突入している。1975年11月に、世界で初めて、サミット（主要先進国首脳会議）がフランスのランブイエで開催された。参加国は、米・英・仏・西独・伊・日の6ヵ国であり、これらは工業化が進んでいる先進諸国であった。そして、そのなかでアジアは、日本だけであった。

　このように、日本は、経済先進国として他の諸国に影響を及ぼす国力をもつようになり、日本人の名目賃金は世界一高いといわれるまでになった。このような**豊かな社会**になると、生き方において、昭和期のように欧米諸国に追いつこうというキャッチ

アップ型の目標に向かって邁進するという状況ではなくなった。そして、みずからの進むべき方向を自己責任の下にデザインするものとなったのである。それは、働く人びと個人の生き方にもあてはまるのである。そこで、自分の**ライフプラン**は、自分で設計し、自己責任の下で実行することが求められている。

5．これからのキャリア教育と倫理

　今日のキャリア開発に求められる基盤となるのが、倫理である。企業経営の不祥事などが多発している状況をみても、働くということの意味を問い直す必要がある。倫理観の欠如により、いうまでもないが、働く人びと自身も仕事の意義や自己のキャリア開発の方向性を見失ってはならない。**貧困**は、人間に対して倫理の欠如を招く。

　しかし、今日の日本のように豊かな社会になればなるほど、倫理は高まるかというと、残念ながら"ノー"といわざるを得ない。要するに、物質的な豊かさは、真の豊かさではなく、精神的な豊かさを含むことが求められる。

　豊かな社会になると、労働者にとって高賃金は動機づけにはならない。むしろ**非金銭的報酬**や**内発的報酬**を求めるようになる。このように、職業に対してもこだわりをもつのが、現代の特徴といえる。そして、かれらのニーズに応えていないことで、雇用のミスマッチが発生している。人間社会において、道徳や倫理が不可欠な要素であるが、これは企業経営においても同様である。企業での不祥事が発生するたびに、企業倫理の問題やコンプライアンス経営、企業の社会的責任などが強く求められる。

　「合法的に儲けてなにが悪い」と言った経営者がいた。しかし、法律を犯さなければなにをやっても良いという考え方だけでは、企業が**社会の公器**としての役割を果たすことはできない。社会貢献を経営理念に取り入れている企業が圧倒的に多いということは、それだけ社会に対する貢献が企業に求められていることを示している。

　人間は動きつづけても、キャリアにはならないが、働きつづければキャリアになりうる。働いている人のなかにも、ただ動いているだけの人もいるが、その違いはなんであろうか。働くことは、そのプロセスと結果に意味がある。だからといって、なにをしても良いわけではない。

　自分自身にとって、他者に対して、またはわれわれ人間が住む地球環境にとって有益であることが大前提である。その基準となるのは、「倫理」である。人間は、動く動作に倫理を求めない。しかし人間が安心して生きていくために働くことには、倫理

は必要不可欠なのである。

　企業経営者や政治家、医者、弁護士、公務員、大学教授などの職に就いている人びとのなかでも**不祥事**が残念ながら発生している。それは、**職業倫理の欠如**を示している。

　このような現象とは別に、情報過多社会の現象として、物事を表面的なイメージでとらえるために、本質を理解しないことに気づかない若者たちが発生している。将来、社会を支えてくれる青少年や若者が、定職につかない現象が起きていることも、魅力のある職業を探せないということも、働くということの実態（楽しいことや厳しいことも含めた）を意外と知らないことに起因している。

　とくに現代のビジネスパーソンの仕事ぶりをみると、オフィスでパソコンに向かっている姿が容易に目に浮かぶ。オフィスのほぼ全員がパソコンに向かっている姿だけをみると、どのような仕事をしているのか、また他の人となにが違うのかわからないのである。わかりにくい仕事場になりつつある。そこで、働くことの教育はますます重要である。

　かつて働く親の姿をみて、子どもはその仕事の意義と社会的な役割を知ることができた時代があった。そして、親の仕事や職業に対するまじめな姿勢や大切にしている価値観や倫理を知ることができた。しかし、**親の働く姿**をみても、前述のようにパソコンに向かっている現代の仕事の仕方は、大変わかりにくいものにしてしまった。

　くわえて、**雇用リストラ**などで自信をなくし、仕事につかれた親と自分の部屋に閉じこもってしまった子どもとの距離は、物理的なもの以上に遠くなり、親がもっている仕事も職業に対する考え方や倫理をじかに聞くチャンスを減らしてきた。

コラム

あいさつと笑顔を！

　キャリア開発とは、主に仕事や職業生活にかかわることで、どのように知識やスキルを身につけたり、もっている能力をいかしていくかが重要です。しかし、あいさつと笑顔を忘れずに仕事を行うことも大切なのです。社会では人間関係を円満につくりながら生きていくべきでしょう。もちろん、あまり好きになれない人や対立する人も当然のことながらいますが、これを守りたいものです。

（齊藤毅憲）

このような現代であるからこそ、若年層からの職業教育は必要である。それは**速効的なスキル教育**ではなく、しっかりした職業倫理をふまえたものでなければならない。働くということは、収入を得るだけではなく、自らの仕事がどのように職業倫理に基づいているかがわかり、働くことに誇りを持ち、社会的責任を果たしていることを実感できるキャリア教育こそが、**中高大一環教育**として早急に取り入れる必要性がある。

＜参考文献＞

厚生労働省職業能力開発局（2002）「キャリア形成を支援する労働市場政策研究会」報告書

文部科学省（2004）「キャリア教育の推進に関する総合的調査研究協力者会議報告書～児童生徒一人一人の勤労観、職業観を育てるために～」

加藤寛監修（2003）『ライフデザイン白書 2004-05』第一生命経済研究所

尾高邦雄（1970）『職業の倫理』中央公論社

『産業・組織心理学研究』第19巻第1号（2005）など

コラム

新聞は読んでいますか

　これから社会に出て、キャリアを積む前の準備を行っていますか。とくに社会や経済の動きを理解しようという努力を行っていますか。

　たとえば、毎日、新聞を読んでいますか。新聞は毎日読まないと、社会や経済の動きをとらえることはできません。就活直前に読みはじめても、あまり役にたたないものです。現在の部厚い新聞を読むには、それなりの時間が必要になりますが、まずは読むクセをつけて社会や経済に対する現実感覚を得るようにしてみたらと思います。

（齊藤毅憲）

第7章

適職さがし

> **本章のねらい**
>
> 本書の締めくくりとして、社会人となるキャリアへのエントリー（入口）の段階と初期の段階において、自分に適している職業、つまり適職をどのように探したらよいかを考えてみましょう。

1．職業観の変化

　個人の仕事や職業に対する価値観が変化し、「**選職志向**」が強くなっている。平成11年度の『国民生活白書』では、副題を「選職社会の実現」とし、個人が自分の好みと適性にあった職業を選び、豊かな人生を送ることができる社会の実現を提言している。

　また、総務省の「労働力調査」（2006年1月）結果によると、1995年からの10年間に、転職希望者の総数は増え続けているという。従来は、新卒で入社し、ひとつの企業で定年まで勤めあげるのが、一般的であった。しかし、ひとつの企業にこだわらず、自分に合った仕事に就くためには転職をもいとわない人が多くなっている。

　さらに、株式会社パソナキャレントが2003年に行った「転職希望者の就労意識調査」によると、**転職先の条件**（複数回答）としてあげられたのが、1位は「職種・仕事内容」で59.3％、2位は「やりがい・おもしろさ」で43.5％であった。**転職したい理由**（複数回答）では、1位は「スキルアップしたい」が55.6％、2位は「面白い、やりがいのある仕事に就きたい」で36.1％であった。このように近年は、昇進していくことや給与の高さだけが仕事の成功と考えず、職種や仕事へのこだわりのため、自分に合った仕事を選びたいという意識が強くなっている。

　一方、企業側は、従業員が企業に対してロイヤリティ（忠誠心）を持つだけでな

く、時代の変化に対応する必要な知識やスキルを発揮し、具体的な成果につなげてくれることを求めるようになっている。そのために、働く個人は企業側からただ与えられて受動的にキャリア開発を行うのではなく、仕事をするうえで必要な自己啓発をみずから行い、能動的・主体的にキャリアをつくることが求められている。

2．適職さがしの意味

人にとって仕事とは

　日本人の寿命は長くなり、2004年の**簡易生命表**によると、女性の平均寿命は85.59歳、男性の平均寿命は78.64歳となっている。女性は世界1位、男性は世界2位という高い水準である。つまり、日本人の人生は一般的に80年前後である。

　人が生まれてから死ぬまでの人生（ライフ）に重なる形で、人が働く期間であるキャリア（職業人生）がある。高齢者雇用安定法の改正により、2006年4月より段階的に、**65歳までの継続雇用制度**の実施が企業に義務づけられるようになった。一般的に大学卒業後の22歳頃から働き始めたとして、65歳までは40年以上の期間がある。現在では70歳を過ぎても働き続ける人も多く、今後キャリアは、長くなる傾向にあるといってよい。この40年以上に渡る長いキャリアをどのように生きるかは、男女ともに大切な問題である。

　それでは、人にとって働くことが人生のすべてかというと、そうではない。働くことを「**公**」とすると、働く以外のプライベートな「**私**」の部分が存在する。この公私は、ともに影響しあっており、明確には分けられない場合も多い。

　シャインによると、人は仕事だけでは生きられず、仕事と家族と自分自身がたがいに強く影響し合い、その相互作用は、成年期全体を通して変化するという。どのような人生を送りたいのか、自分のアイデンティティはなにか、家族などと関係を含めた働く環境はどのようなものか。これらのものが仕事に対する価値観などをつくりあげ、キャリアに大きな影響を与える。

　この個人の仕事に対する価値観づくりは、「**キャリア・アイデンティティの確立**」と言いかえることができる。**イバーラ**（H. Ibarra）によると、キャリア・アイデンティティとは、「職業人の役割を果たす自分をどうみているか、働く自分を人にどのように伝えるか、最終的には、キャリアをどう生きるか」であるという。このことから考えると「**適職**」とは、「自分のキャリア・アイデンティティに合った仕事」とい

える。そこで、適職さがしは、個人が満足のいく幸せな人生を送るために欠かせないのである。

コラム

20代は学習期間！

　20代は将来のための学習期間、準備の時期です。将来をみすえ、目標にむかってすすんでいく必要がありますが、あせらず、着実に歩みをすすめてください。そして、できるだけ自分にあった仕事や職業を見つけてほしいと思っています。目標を目指して動いていれば、必ずや目標は実現できるものです。また、いやな仕事でも心のもち方しだいでは好きになり、生涯の仕事になることもあります。

（齊藤毅憲）

キャリアとキャリア・ステージ

　それでは、適職さがしのために、具体的にはどのようにキャリアを捉えればよいのだろうか。キャリアとは、職業における個人の軌跡であり、仕事を通じて築きあげていくものである。これには、個人がどのような仕事に就き、どれだけ昇進したかということだけでなく、職業にかかわるあらゆる活動や役割が含まれる。そしてライフにおいて誕生から死までの過程があるのと同様に、キャリアにも始まりから終わりまでの過程が存在する。

　この過程は、一連の段階を経て発展する。この各段階は、**キャリア・ステージ**（career stage）という。キャリア・ステージは、一般的にいくつかの段階に分けることができ、各段階にはそれぞれの乗り越えるべき発達課題が存在する。

　キャリアをスタートする前の段階は、**キャリア準備期（プレキャリア）**である。この準備期は、主に社会人になる前の学生時代で、キャリアの探索段階であり、キャリアに関する情報を収集し、どのような職業に就くか、目指すべきキャリアはなにかを明らかにする時期である。

　キャリアをスタートさせてからの段階は一般的に3つの段階に分けることができる。キャリアをスタートさせた最初の段階は、**初期キャリア**（early career）である。実際にキャリアを選択し、職業に関わる最初の価値観や知識・技量を身につけ、

発達させる時期である。一般的に企業組織などに入社し、教育訓練などを経て、正式配属され、仕事の経験を積み、キャリアを確立する段階である。年齢区分はさまざまな捉え方があるが、おおむねキャリアをスタートさせる20歳頃から30歳代前半までの時期である。

次の段階は、**中期キャリア**（mid career）である。働き盛りの時期であり、重要な仕事を任され、最大限の生産性を求められるようになる。また、社外秘、組織秘の情報を共有するようになったり、習う者としてよりも指導者としての役割が求められる。おおむね30歳代後半から40歳代の時期である。この時期は、危機を感じる時期でもある。仕事の重圧から大きなストレスを感じたり、これまで培ってきたスキルの陳腐化や**キャリア・プラトー**（これ以上は昇進ができない）を感じたりする。そこで、このような危機を乗り越え、キャリアを再構築しなければならない。

最後は、**後期キャリア**（late career）である。主に幅広い知識や視野、成熟した判断力が求められ、意思決定を行ったり、他人を指導して次世代に知識やスキルを伝承する役割を担っており、大体50歳代以降くらいの時期である。そして、キャリアにも終わりがあり、その後のための退職準備や退職の時期となる。

このキャリア・ステージのなかで、とくにキャリア準備期と初期キャリアは、キャリアを探索し、確立する時期であり、適職さがしのためには重要である。

それでは、キャリアの探索段階においては、具体的にどのような発達課題が存在するのであろうか。**シャイン**は、**学生時代**（20歳前後）までのテーマとして以下の10項目をあげている。

① 自分の欲求と興味をつくったり見つけだす。
② 自分の能力と才能をつくったり、見つけだす。
③ 職業について学ぶための現実的役割モデルをみつけてみる。
④ テストやカウンセリングからできるだけ多くの情報を入手する。
⑤ 職業と仕事の役割について信頼に足る情報源を探し出す。
⑥ 自分の価値、動機、抱負などをつくったり、発見する。
⑦ 堅実に職業を決定する。
⑧ キャリアの選択をできるだけ広くできるように良い学業成績を収める。
⑨ 現実的な自己イメージをつくるため、スポーツ、趣味、学業活動において自分を確かめてみる。
⑩ 初期の職業決定をチェックするために試験的な雇用機会を得てみる。

さらに、シャインは、**仕事へのエントリー段階**（16～25歳）について、以下の4つのテーマをあげている。
① 仕事のさがし方、応募方法、面接の受け方を学ぶ。
② 仕事や組織に関する情報を評価するための方法を学ぶ。
③ 選抜のテストに合格する。
④ 初めての仕事について現実的かつ妥当な選択を行う。

つまりキャリアの準備期とは、自分の進むべきキャリアについて十分調査したうえで、一時的なものにしろ決定しなければならない。そのために、シャインのあげるようなテーマをもとに自分のできることややりたいこと、仕事に対する価値観をみつけだし、その仕事に就くための基礎的な実力を身につけ、キャリアの暫定（ざんてい）的な決定につなげる必要がある。

キャリア・アンカーの再確認

初期キャリアは、キャリアをスタートさせて、キャリアに対する自分の価値観を形づくる時期である。この自分の価値観を形づくるために重要な概念として**キャリア・アンカー**がある。すでに他の章でも触れたように、キャリア・アンカーとは、キャリアをつくっていくうえで、どうしてもこれだけは譲れないという個人のこだわりを意味している。

シャインによると、キャリア・アンカーとは、みずから認識している能力、動機と価値からなり、個人のキャリアを誘導したり、制約することで、キャリアを安定させるものである。したがって、キャリアをスタートさせる前にすでにできあがっているものではない。人間は自分の能力を試したり、実際の仕事を経験したりして、**成功感**や**有能感**を得るが、それによりキャリア・アンカーはつくられる。そして、おおむね社会にでて10年前後でつくられるという。この自己のアンカーを理解できれば、キャリアの選択が明確となり、生涯にわたるキャリア発達を促すことになる。そこで、初期キャリアはまさにキャリア・アンカーを形成する時期なのである。

シャインによると、個人が抱いているキャリア・アンカーの特徴には、以下の8つの型があるという。（なお、第1章では①から⑤までをあげている。）

① **技術的・職能的能力**
自分がある特定の仕事について専門性が高く、その仕事が好きで、しかも、自分がその仕事がよくできると気づいた人間がもっている特徴。

② **経営能力**

経営という仕事に興味を持ち、自分もマネジャーとして有能であると思い、昇進していくことにもっとも価値を見いだす人間の特徴。

③ **自律と独立**

自分のやり方とかペース、自分の基準や裁量で仕事をしたいと思っている人間。大きな組織であっても、自由への願望が充足されればそれで満足するタイプ。

④ **安全性**

給料や雇用など安定していればよいタイプ。自分の地位や仕事内容などにはあまりこだわらず、自分に与えられた範囲内で仕事と責任を果たすことで十分な人間の特徴。

⑤ **創造性**

新しいものを作り出す、ベンチャーをおこすなど、起業家としての創造性を大切にし、自力で生き抜くことができるような事業をはじめ、成功することに意味をみつける人間の特徴。

⑥ **社会への奉仕・貢献**（Service / Dedication to a Cause）

仕事に社会的な意味を見いだしており、社会を良くしたいという使命感を持つ人間の特徴。

⑦ **純粋な挑戦**（Pure Challenge）

仕事にチャレンジしてそれを達成することを大切にする。新たなチャレンジや不可能と思われることに挑戦することに意味を見いだす人間の特徴。

⑧ **生活との調和**（Lifestyle）

対立をきらい、社会の中で調和して生きていくという、人間関係重視の志向。私的な生活とのバランスや調和を大切にする。

コラム

中小企業の後継者で生きる！

　それぞれの地域で活動している中小企業の経営をつがなければならない人もいることでしょう。親のビジネスをつづけることに、納得できれば問題はないのですが、ほかにやりたいことがあったりして、不承不しょうで後継する場合には、どうしたらよいのでしょうか。このようなときには、悩みは大きくなりますが、同じようなことで悩んできた話を勇気をもってうかがってみるのも、ひとつの解決方法になると思います。

（齊藤毅憲）

キャリア・アンカーは個人がキャリアをつくっていくときに、どうしても手放したくない自己イメージであるので、現在の仕事やキャリアと一致しない場合には、自分の価値観と合わず、転職したりすることにつながる。

　それでは、自己のキャリア・アンカーを知ったり、つくるためには、どうしたらよいのだろうか。図表1に示すように、**①できること**（能力とか、自分はなにが得意か）、**②したいこと**（動機、自分はなにになりたいのか）、**③価値を感じること**（価値観、どのような自分ならば意味を感じ、社会に役立っていると実感できるのか）の3つの輪が自分のあるべき理想の姿であり、この3つの問いが有効な手がかりを与えるという。この問いをもとに、自己のキャリア・アンカーを知り、それに合ったキャリアを築いていくことが望ましい。

　とはいえ、キャリア・アンカーは、仕事の経験を通じて時間をかけてつくりあげるので、必ずしも固定的なものではない。個人と組織の相互作用によって、キャリア・アンカーは時とともに変化していく可能性もある。適職さがしのためには、自分のキャリア・アンカーを探っていくことが必要である。

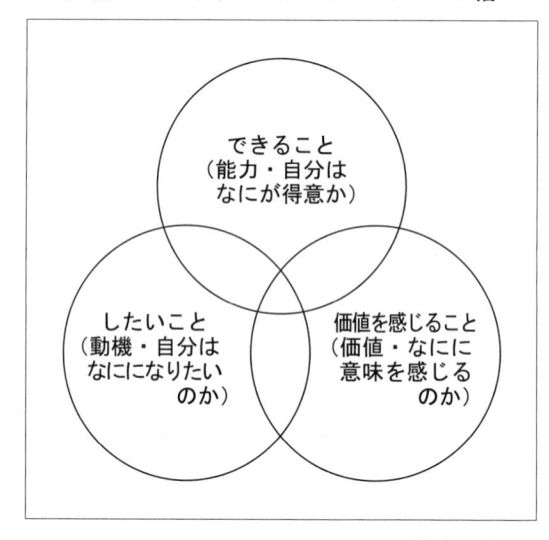

図表1　キャリア・アンカーの3つの輪

できること
（能力・自分は
なにが得意か）

したいこと
（動機・自分は
なにになりたい
のか）

価値を感じること
（価値・なにに
意味を感じる
のか）

（筆者作成）

3．若年層の適職さがし

若年層の就業状況

次に、キャリアの準備期および初期キャリアにあたる若い人びとの適職さがしを具体的に考えていこう。

バブル経済の終焉後、景気が悪化し、企業は新卒採用を抑制してきた。そのため、長い間、**就職氷河期**が続き、若い人びとの失業率は1997年以降増加してきた。もっとも近年、景気の回復と団塊の世代の大量退職を控え、失業率は改善しつつある。しかし、改善したとはいえ正社員として職に就かず、フリーターやニートとなっている若い人びとは依然として多い。

フリーターとは**フリー・アルバイター**の略であり、厚生労働省の「平成15年版　国民生活白書」によると、学生と主婦を除く、年齢が15歳から34歳の人びとで、パート・アルバイト（派遣などを含む）と、働く意思のある無職の人と定義されている。これに対して、**ニート**は、仕事をしておらず、学生でもなく、職業訓練もしていない若年無業者のことをいう。

ニートは経済的な自立を果たしていないが、フリーターも、仕事はサービス業が中心であり、正社員と比較すると**不安定雇用・低収入**で、経済的な自立が難しく、親との同居も多い。

では、フリーターやニートの多くは、正社員の職に就けない非自発的失業者なのだろうか。日本労働研究機構の2001年の調査によると、生活のためにやむを得ずフリーターになった者や明確な目標を持ったうえで生活の糧を得るためになった者が存在している。しかし、他方で職につくことを希望しながら自分に合った仕事を見いだせない、嫌な仕事を無理してまで就職しなくてもよい、先の見通しはないがとりあえず仕事を辞めるフリーターもみられている。

近年、「**新卒転職の７・５・３**」という言葉が、中卒の７割、高卒の５割、大卒の３割が３年以内に会社を辞めてしまうことを示すものとして使われている。これによると、新卒で正社員の職を得ても短期間で仕事を辞めてしまうのである。

厚生労働省の『平成17年版　厚生労働白書』では、このような状況を問題視し、若者を中心とした人間力の強化をあげている。具体的には、フリーターやニートの増加傾向を変えるため、「**若者自立・挑戦プラン**」などに基づき、総合的な雇用対策の推

進、企業ニーズなどに対応した職業能力開発の推進、キャリア形成支援のための条件整備の推進を提案している。

「職業人」への入り口

　前述した就業状況から、若年層が望ましい職業観をつくるためのキャリア教育の必要性が叫ばれている。具体的には、企業側と働く側のミスマッチを防ぐため、高校や大学を中心に、**インターンシップ**などの普及が進んでいる。学生時代までのテーマをクリアするためにも、キャリア教育の活用は、働く個人の適職さがしにつながっている。

　文部科学省によると、インターンシップとは「学生が在学中にみずからの専攻、将来のキャリアに関連した就業体験を行なう制度」としている。このインターンシップにもさまざまな形態があり、大きくは3つがある。

① 正規の授業科目として単位認定する。
② 授業科目ではないが、大学などでの活動の一環として位置づける（単位認定なし）。
③ **オープンインターンシップ**（企業などが実施するプログラムに学生が個人的に参加する）。

　では、インターンシップの意味はどのようなものだろうか。企業側にとっては、社会貢献の一環として行ったり、新人だけでなく、学生のインターンシップを指導させるという人材育成の観点から実施していることが多い。そして、当該企業でのインターンシップ経験を、採用の選考に加味している企業もあれば、そうでない企業もある。**社会貢献**の一貫としてインターンシップを受け入れるという側面が大きいものの、インターンシップで良い人材がいれば採用したいというのが企業の本音と思われる。

　他方、学生にとってはどのような意味があるのだろうか。メリットとしては以下があげられる。

① 実際の就業体験から将来の希望職業や進路が明確になる。
② 学校から離れて自分を見つめなおすことで、新たに勉強意欲もわく。
③ 社会に出て働くことを肯定的に考える。働くイメージが作られたり、働くモデルを知ることができる。

　インターンシップでは、社員と営業先を回ったり、職場や工場の業務を見学したり、社員の基幹的な業務の一部を体験したりして、アルバイトではできないような就業体験ができる。仕事に対する意識が高まり、社会人としてのコミュニケーションの

とり方などを学ぶこともできる。このような体験は、仕事に対する自分の欲求や能力を発見したり、価値観をつくるためにも重要である。

また、大学では、学内に**キャリア・センター**を設置し、就職セミナーの実施やキャリア相談など、就職のサポートを手厚く行っているところも多い。こういったものを積極的に活用することで、より自分に合った適職を探すことにつながるはずである。このような**キャリアサポート**の活用は、個人の意識の高さによって違ってくる。自己のキャリアに対する意識の高さが、適職さがしのための自己理解を可能にし、結果的には最初の暫定的な職業決定そのものに影響を与える。

初期キャリアの適職さがし

次に初期キャリアにおいて、どのようにキャリア・アンカーをつくり、適職をさがしていけばよいのか。

一般的に企業などに入社し、キャリアをスタートさせると、まず新入教育などのOff-JTを経て、正式配属となる。配属先では、基本的な仕事の進め方、仕事をするうえで必要な知識、スキルなどを、仕事を通じたOJTにより学ぶことになる。**人材育成**は、このOff-JTとOJTの両方で行われるが、職業に関わる能力を身につけるのは、やはり実際の仕事を通じたOJTが中心である。そうして、キャリアを築き、その組織への定着や昇進、場合によっては転職という時期を迎える。

では、人はどのような能力を仕事において身につけるのであろうか。**久本憲夫**(2003)は、職業能力としての技能を次の3つに分類している。

ひとつめは、「**企業専用技能**」（企業特殊熟練）である。これは、その会社に勤務する場合のみ、有効な技能である。同業他社の同職種に転職した場合、ほとんど活用できないが、その会社内では持っていなければ、職務に限定的にしか、活躍できないものである。ある組織で働く場合、その組織に特有な知識やスキルは多かれ少なかれ必要になる。転職する場合は、この企業専用技能は放棄しなければならないというリスクを負う。

ふたつめは、「**業界専用技能**」である。その業界で働くために保有しておくべき技能であり、その会社内だけでなく、同業他社に転職した場合でも有効に活用できるが、その業界以外では活用できないものである。たとえば、旅行業界で働く場合には旅行関係の、金融業界で働く場合には金融関係の知識やスキルが必要になる。

最後は、「**職種専用技能**」である。その職種（仕事の内容）によって特定される技能である。たとえば、営業であったり、経理であったりという仕事の内容によって必

要な技能である。

　久本は、転職などのリスクに備えて、個人は自己のキャリアを転社に対応できるよう組み立てていく必要があり、その場合、特に業界専用技能と職種専用技能が重要であると述べている。

　それでは、企業専用技能は重要視する必要がないのだろうか。この技能は、企業にとっては他社との差別化につながる技能であり、従業員に対してなによりも身につけて欲しい能力である。業界専用技能と職種専用技能は、場合によっては、派遣や外注などで外部から調達が可能なこともある。

　これに対して、企業専用技能は、その企業内容で身につけてもらわなければならず、そのような能力を持っている従業員はそれが貴重な技能であるほど、企業にとっては、より囲い込みたい人材となる。先に述べたように、**転職**は企業専用技能の放棄につながる。また、転職が必ずしも処遇のアップにつながるともかぎらない。企業内でキャリア開発を行い、自己の強みを活かしていくほうがよいことも多い。

　実際に転職する、しないは別としても、働く個人がキャリア開発をしていく際、企業内外で通用するような、自己の強みとなるような職業能力を身につけるよう意識する必要がある。初期キャリアに形成される能力はとくに重要であり、企業内でも、企業外でももっとも評価されるのは仕事の経験である。

　さまざまな職業上の経験をすることで、自分の興味や適性、関心がしだいに明確になり、キャリア・アンカーも築かれていく。そして、キャリア・アンカーが築かれていくにつれ、その後、組織においてどのような専門性を深化させるのか、どのような**キャリア・パス**の選択をするのかの判断にもつながるはずである。

コラム

起業家とはどのような人間か！

　企業（ビジネス）を起こしたり、創業する人は、なにか売りこみたいとか、つくってみたいと思っている新しい商品やアイデアをもっているだけでなく、比較的にリスクをおそれない性格をもっているといわれています。また、目標を高く設定して、それにむかって動ける「達成欲求」の強い人間であるともいわれています。さらに、自分の将来は、自分が決定していくのであって、環境のせいにはしない人であるともいわれています。はたしてあなたはどうですか。（齊藤毅憲）

4．適職さがしとキャリア

人との関係性とキャリア開発

　人は自分のひとりの力だけでキャリアを切り開けるのだろうか。仕事をする上で、人との関係は欠かせない。人は家族や恩師、職場の人間関係など、さまざまな人に支えられて仕事をしていく。そして、この関係性により、キャリアアップがスムーズになったり、思いがけない方向にキャリアが進展したりすることもある。

　とくにキャリアを築く初期の段階で、指導し、助言してくれる人、信頼し相談できる人、自分の目標となる人、自分にさまざまなことを示唆してくれる存在が重要である。このようなキャリア開発上の指導者・支援者は、すでに触れたように、**メンター**と呼ばれる。一般的にメンターは組織内における経験のある年長者で、個人のキャリアの発達を支援する。組織において、上司や先輩などと良い関係を築き、積極的に学ぼうとすることで、彼らが自分に良い影響を与えてくれるメンターになるかもしれない。しかし、メンターは必ずしも組織内にのみいるわけでない。広く捉えると、外部にも存在する「**人生の師**」も含まれる。

　メンターがいることで、自分のキャリアがもっと充実して、自分では思いもよらなかった可能性が出てきて、なにかしら良い刺激を与えてくれるかもしれない。しかし、メンターは待っているだけでは得られない。社内にメンターが得られなくとも、みずから積極的に**異業種交流会**などに参加することで外部にネットワークをつくり、メンターを得たという人も多い。自分の身近にいる人や新しく出会う人を大切にして、刺激を与えてくれる人や信頼し、相談できる人をみつけることは、確実に適職さがしにもつながる。

適職さがしのために

　自己の将来のキャリアをイメージすることは重要であるが、はたしてキャリアはデザインしきれるのだろうか。企業や個人を取り巻く環境はめまぐるしく変化し、その環境変化によって求められる仕事やそのための知識やスキルも変化する。自分の進みたい方向性が明確であっても、それを修正する必要がでてくるかもしれない。要するに、状況によって自分の働き方についての価値観が変化する。

　クランボルツ（Krumboltz）は、キャリアの大部分は**偶然の出来事**によってつく

図表2 ♪ライフプランとキャリアプランのヒント♪

時代			2007年	2010年	2020年	2030年	2040年	2050年	2060年
		0歳	10代	20代	30代	40代	50代	60代	70代 80代
モデルライフプラン		誕生 学生時代	卒業 就職	結婚 ♡ 子供を持つ ☺ 結婚平均年齢 女性28歳頃 男性30歳頃	子供平均 出生率（2005年）1.25人 住宅取得		子供の独立 親の介護	定年（年金受給開始65歳）老後 セカンドキャリアまたは悠々自適♪ 生きがい求め期 男性平均寿命78.64歳 女性平均寿命85.59歳 （2004年簡易生命表）
	幼児期 青少年期		未婚期	育児前期	育児後期		夫婦の老後期	1人の老後期
マイライフプラン	★ポイント ライフスタイル、 家庭、経済、健康・ 体力、学問・趣味、 人間関係、ネット ワーク		★現状 具体的プラン 短期ビジョン 中期ビジョン 長期ビジョン					
モデルキャリアプラン	キャリア準備		会社選択 入社、新人教育 正式配属 パート・アルバイト 派遣社員・契約社員 起業家 家業の後継者 初期キャリア（20歳前後～30歳代前半頃）		主任クラス昇進期 キャリアコース思索 キャリアコース定着、昇進 スペシャリスト OR ジェネラリスト	管理職昇進期 キャリアコース決定 出向・転籍 嘱託 スペシャリスト OR ジェネラリスト 中期キャリア（30代後半～40代前半頃）		定年 定年後のセカンドキャリア期 自分のペースで仕事または引退 後期キャリア（50代頃～）
	将来の探索期							
マイキャリアプラン	★ポイント 業界、仕事の内容 （やりたいこと、つ けたい能力、資格、 経験）、働き方、 目標の役職 セカンドキャリア （退職後）		★現状 具体的プラン 短期ビジョン 中期ビジョン 長期ビジョン					

られるので、好ましい偶然を自分でつくりあげるべきであるという**プランド・ハップンスタンス・セオリー**（計画された偶発性理論）を提唱している。キャリアはつくりこもうと思ってもつくれないから、自分に好ましい偶然を必然化するような動きをし続けることが大切になる。この好ましい偶然を必然化するには、特定の行動・思考パターンが必要であり、それは次の5つの特徴によって表される。

① **好奇心（curiosity）**　つねに新しい学習の機会をもとめること。
② **根気強さ（persistence）**　挫折しても、努力をし続けること。
③ **柔軟性（flexibility）**　自分の態度と状況を変化させること。
④ **楽観性（optimism）**　可能性や成果を信じて新しい機会を捉えること。
⑤ **リスクを取る（risk taking）**　不確かな結果に向けて行動をとれること。

　このようにキャリアを築くさいには、好奇心旺盛でありながら、同時に簡単にはあきらめず、柔軟かつ楽観的にものごとを捉え、進んでリスクをとっていくべきである。結果的に、**自分でキャリア・デザインできる人間**とは、このように柔軟で能動的な条件を備えている。
　つまり、キャリアには、デザインする側面と行動しながら考える側面がある。キャリアの道筋は計画どおりにいくとは限らない。環境の変化や自己の人生の節目などからキャリアに変更はつきものである。大きな方向性を持ちながら、節目には、しっかりと立ちどまってデザインする。そうして、時おり立ちどまって方向修正しながら、キャリア開発を自分で行い、自分が満足できる幸せなキャリア、つまり適職をみつけ、築いていくことが必要なのである。

---●《レポート1》●---

　「職業になにを求めるか、自分にとって職業とはどのような意味を持っているか」について、現在の自分の考えをまとめてみて下さい。

---●《レポート2》●---

　ライフ・プランとキャリア・プランのヒント（図表2）をもとに、自分の理想のマイ・ライフ・プランとマイ・キャリア・プランを考えてみよう。

<参考文献>

Ibarra, H. (2003) *Working Identity: Unconventional Strategies for Reinventing Your Career*. （金井壽宏監修、宮田貴子訳（2003）『ハーバード流キャリア・チェンジ術』翔泳社）

金井壽宏（2002）『働くひとのためのキャリア・デザイン』PHP新書

金井壽宏編（2003）『会社と個人を元気にするキャリア・カウンセリング』日本経済新聞社

Kram, K. E. (1985) *Mentoring at Work: Developmental Relationships in Organizational Life*. （渡辺直登、伊藤知子訳（2003）『メンタリング』白桃書房）

Krumboltz, J. D. and Levin, A. S. (2004) *Luck is No Accident: Making the Most of Happenstance in Your Life and Career*.

玄田有史（2001）『仕事の中の曖昧な不安 揺れる若者の現在』中央公論新社

玄田有史、曲沼美恵（2004）『ニート フリーターでもなく失業社でもなく』幻冬舎

玄田有史（2004）『ジョブ・クリエイション』日本経済新聞社

久本憲夫（2003）『正社員ルネサンス』中公新書

Michell, K. E., Levin, A. S. and Krumboltz, J.D. (1999) "Planned Happenstance: Constructing Unexpected Career Opportunities," *Journal of Counseling & Development*, Vol.77, No.2.

Levinson, D., et al. (1978) *Seasons of a Man's Life*. （南博訳（1992）『ライフサイクルの心理学』上・下、講談社学術文庫）

Schein, E. H. (1978) *Career Dynamics: Matching Individual and Organizational Needs*.

渡辺三枝子編（2003）『キャリアの心理学』ナカニシヤ出版

コラム

伸びる産業、衰退する産業！

　これから成長していく産業には、どのようなものがあるのでしょうか。技術の進歩や消費者のニーズはどのようになっていくのでしょうか。ちょっと調べてみてほしいと思います。それから年配の人びとに、ここ10年間、あるいは20年間のなかで、減少してきたお店や商品はなにかを聞いてみてください。逆に、増えてきたのは、どのようなものかを調べてみてほしいと思います。　　（齊藤毅憲）

キャリア開発 & デザイン・シート

〈第1回〉 キャリア開発 & デザイン・シート

(1) 現在の時点で、仕事すること、就職することは、どのようなことであると思いますか。

(2) あなたの世代の強みや弱みはどのようなものだと思いますか。

(3) 自営とか、起業という言葉から、どのようなことがイメージされますか。

(4) 女性が社会にでて働くことがごく一般的になっていますが、この状況をどのように考えていますか。

氏 名		記載日	年　　月　　日

〈お願い〉 できれば、このシートを使って周囲の人や友人と話しあって、各自で記入してみて下さい。

〈第2回〉 キャリア開発 & デザイン・シート

(1) 親（父親や（と）母親）やきわめて親しい大人が仕事（家事を除く）をしている姿を直接みたことがありますか。みたときに、どのような気持になりましたか。

(2) 親やきわめて親しい大人から、自分が行ってきた仕事の話を聞いたことがありますか。具体的にどのような話を聞き、そのなかでとくに心に残っている言葉はありますか。

(3) 自分は将来、このような仕事をしてみたいと思った目標となるような人間はいますか。その人は、どのような仕事をして、どのような生き方をしていますか。

(4) 親と同じ仕事や職業につきたいと考えたことはありますか。親は自分が行っている仕事をやってほしいと思っていますか。

氏 名		記載日	年　　　月　　　日

〈お願い〉 できれば、このシートを使って周囲の人や友人と話しあって、各自で記入してみて下さい。

〈第3回〉 キャリア開発 & デザイン・シート

(1) 企業（会社）はどのような場であるかを、自分なりに考えてみてください。

(2) 将来企業で働くとすれば、企業との関係をどのようにしようと考えていますか。

(3) 企業で働くとすれば、自分が関心をもっている仕事や業種は、どのようなものでしょうか。関心のあるものをいくつあげてもかまいません。

(4) これから伸びると思われる仕事や業種は、どのようなものでしょうか。

氏　名		記載日	年　　　月　　　日

〈お願い〉　できれば、このシートを使って周囲の人や友人と話しあって、各自で記入してみて下さい。

〈第4回〉 キャリア開発 & デザイン・シート

(1) 「経験や体験は人間を育てる」という考え方をあなたはどのように考えていますか。

(2) 自分がこれまでにかなりのエネルギーや努力を投入したと思える経験について、書いてください。

(3) サークルやクラブ、ボランティアなどでまとめ役をやったり、ちょっとしたイベントやパーティを企画したり、実施した経験について、書いてください。

氏 名		記載日	年　　月　　日

〈お願い〉 できれば、このシートを使って周囲の人や友人と話しあって、各自で記入してみて下さい。

〈第5回〉 キャリア開発 & デザイン・シート

(1) 「転職」という言葉から、どのようなことが連想されますか。悪いイメージでしょうか、それともいいイメージでしょうか。

(2) 起業家は、高い目標をたて、それにむかってがんばる達成欲求が強い人間であるといわれていますが、あなたはこの欲求が強いほうであるかどうかを考えてみてください。また、あなたの周辺でこの欲求が強い人はいますか。

(3) 起業家は「自分の将来は、環境ではなく、自分自身が決めていく」という考えが強い人間と考えられていますが、あなたはこの考え方をどのように評価しますか。

氏 名		記載日	年　　月　　日

〈お願い〉 できれば、このシートを使って周囲の人や友人と話しあって、各自で記入してみて下さい。

〈第6回〉 キャリア開発 & デザイン・シート

(1) 「公務員」(国家、地方) から、あなたにとって連想される言葉を2、3あげるとともに、その内容を説明してください。

(2) 公務員が仕事をしているところを見たことがあれば、どのような仕事であったか書いてください。また、そのときの印象はどのようなものでしたか。

(3) 公務員批判が行われていますが、国民や市民から信頼される公務員とは、どのような人間であると思いますか。

氏　名		記載日	年　　　月　　　日

〈お願い〉 できれば、このシートを使って周囲の人や友人と話しあって、各自で記入してみて下さい。

〈第7回〉 キャリア開発 & デザイン・シート

(1) 入学してからのキャンパス・ライフはうまくいっていますか。そして、学習はしっかり行っていますか。うまくいっていなかったり、不満や不安なことがあれば、それはどのようなことですか。

(2) どのようなクラブやサークルに入りましたか。入っている場合には、そこでの活動に満足していますか。また、キャンパス外ではどのような活動（アルバイトや、ボランティアなど）を行っていますか。

(3) 自分が日々暮らしている地域社会というものを意識したことがありますか。また、家族や自分自身ではなにか問題はありますか。

(4) 入学してから、自分は「少し変わった」と思えることがありますか。それはどのようなことであり、なぜ変わったと思いますか。また、変わっていないとすれば、その理由はなんですか。

氏　名		記載日	年　　　月　　　日

〈お願い〉　できれば、このシートを使って周囲の人や友人と話しあって、各自で記入してみて下さい。

〈第8回〉 キャリア開発 & デザイン・シート

(1) 女性の経済的自立を、どのように考えていますか。経済的自立のためには、どのようなことが女性に必要になると思いますか。

(2) 男性が家事ができないこと、またしようとしないこと（生活的な自立の欠如）や、育児・介護にかかわらないことを、どのように考えていますか。

(3) あなたが女性の場合：どのように仕事をしていきたいですか。
　　あなたが男性の場合：女性はどのように仕事をしてほしいですか。

(4) 「男は外で仕事をし、女は家庭を守る」という性別役割分業の考え方をどのように考えていますか。

氏　名		記載日	年　　　月　　　日

〈お願い〉　できれば、このシートを使って周囲の人や友人と話しあって、各自で記入してみて下さい。

〈第9回〉 キャリア開発 & デザイン・シート

(1) 一般的に自己紹介には、どのような要素が入ればよいのかを、考えてみてください。また、大学のサークルに入るときと入社試験のときとでは、自己紹介にどのようなちがいがあると思いますか。

(2) 「私は……です（または、ます）」などの非常にシンプルな文章で、自分のアイデンティティ（状態、性格、体験など、自分がどんな人間であるか）を示してください。いくつ書いてもかまいません。

(3) 自分を強くアピールできる自己紹介を書いてください。

氏 名		記載日	年　　　月　　　日

〈お願い〉 できれば、このシートを使って周囲の人や友人と話しあって、各自で記入してみて下さい。

〈第10回〉 キャリア開発 & デザイン・シート

(1) 現在の時点で、将来行いたいと思っている仕事や関心のある仕事はありますか。それはどのようなものでしょうか。そのためには、どのようなことが準備として行うことが必要でしょうか。

(2) その仕事は、今後も発展していくものでしょうか、それとも、あまり発展しそうもないものでしょうか。将来性をどのように考えていますか。

(3) 今後発展する仕事には、どのようなものがありますか。逆に、衰退する仕事には、どのようなものがありますか。

氏 名		記載日	年　　　月　　　日

〈お願い〉 できれば、このシートを使って周囲の人や友人と話しあって、各自で記入してみて下さい。

〈第11回〉 キャリア開発 & デザイン・シート

(1) あなたたちが生きていくこれからの社会や経済のなかで、現在とくに気になっていることはありますか。あるとしたら、それはどのようなことでしょうか。

(2) 大学などは社会にでる前の自分をつくるための場であるが、自分を変えてみたいとか、できるようになりたいことは、どのようなことでしょうか。

(3) あなたが大切にしている言葉はありますか。それはどのようなものであり、大切にしている理由はどのようなものですか。

(4) 自分の性格やこれからの自分に、キャッチフレーズをつけてみてください。

| 氏 名 | | 記載日 | 年　　　月　　　日 |

〈お願い〉 できれば、このシートを使って周囲の人や友人と話しあって、各自で記入してみて下さい。

［執筆者紹介］

齊藤　毅憲（監修者）　関東学院大学教授、横浜市立大学名誉教授、放送大学客員教授、
　　　　　　　　　　　ISS研究会代表

菊地　達昭（編著者）　人財・キャリアマネジメント研究所長
　　　　　　　　　　　第1、3章担当

宇田　美江（編著者）　青山学院女子短期大学現代教養学科准教授
　　　　　　　　　　　第5、7章担当

小林　勝　　　　　　　マンパワー・ジャパン株式会社　監査役、ハリウッド大学院大学教授
　　　　　　　　　　　第2章担当

石毛　昭範　　　　　　拓殖大学商学部准教授
　　　　　　　　　　　第4章担当

丹羽　浩正　　　　　　八戸大学ビジネス学部教授
　　　　　　　　　　　第6章担当

《楽問・経営学シリーズ　1》
キャリア開発論

| 2007年5月30日　第1版第1刷発行 | 検印省略 |
| 2012年9月10日　第1版第4刷発行 | |

監修者　齊藤　毅憲
編著者　菊地　達昭
　　　　宇田　美江

発行者　前野　弘

東京都新宿区早稲田鶴巻町533
発行所　株式会社　文眞堂
電話　03（3202）8480
FAX　03（3203）2638
http://www.bunshin-do.co.jp
郵便番号（162-0041）振替00120-2-96437

印刷／製本・モリモト印刷
© 2007
定価は表紙裏に表示してあります
ISBN978-4-8309-4589-2　C3034